가족을 폐지하라

가족을 폐지하라
우리가 아직 보지 못한 세계를 상상하는 법

초판 1쇄 발행 2023년 4월 13일
초판 2쇄 발행 2023년 8월 20일

지은이	소피 루이스
옮긴이	성원
펴낸이	이영선
책임편집	차소영
편집	이일규 김선정 김문정 김종훈 이민재 김영아 이현정 차소영
디자인	김회량 위수연
독자본부	김일신 정혜영 김연수 김민수 박정래 손미경 김동욱

펴낸곳 서해문집 | 출판등록 1989년 3월 16일(제406-2005-000047호)
주소 경기도 파주시 광인사길 217(파주출판도시)
전화 (031)955-7470 | 팩스 (031)955-7469
홈페이지 www.booksea.co.kr | 이메일 shmj21@hanmail.net

ISBN 979-11-92988-02-3 03300

가족을 폐지하라

우리가 아직 보지 못한
세계를 상상하는 법

소피 루이스 지음
성원 옮김

서해문집

차례

일러두기
본문에서 옮긴이가 부연 설명한 내용은 대괄호로 표시했다.

"상대와의 관계에 이름을 붙이는 방식은 다양하다."

- 티파니 레타보 킹[1]

가족을 폐지하라고? 중력이나 하나님을 폐지하는 게 나을 거 같은데. 그러니까! 좌파가 이제는 할머니를 빼앗고, 아이들을 몰수하려 하는구나. 이게 진보야? 염병!?

많은 사람들이 '가족을 폐지하라'는 구호를 처음 접하는 순간 이런 반응을 보인다. 뭐 그런 건 괜찮다. 나는 이 구호가 사람들의 감정을 자극해서 폭발시킬 수 있다는 걸 부정하거나 모른 척하지 않을 것이다. 이 책의 목적 중 하나는 사람들이 가족 폐지라는 말을 들었을 때 **경악**에 휩싸여 갖기 쉬운 숱한 오해를 정리하고 바로잡는 것이기도 하다. 예를 들면 가족 폐지가 사람들을 생이별시킨다는 식의 오해 말이다. 하지만 궁극적으로 가족 폐지를 둘러싼 정치에 뭔가 "으스스한"(심리적으로 버거운) 게 있다는 건 부정하고 싶지 않다. 내가 보기에 이런 으스스함은 진짜 혁명적인 모든 정치에 있다. 우리의 공포는 **자아**의 폐지라는 예감에 반사적으로 따라오는 반응 같은 것이다.[2] 우리 모두—사유재산을 소유하지 못한 사람이든, 돌봄을 받을 보장이 전혀 없는 사람이든, 아니면 제국과 백인중심주의, 시스헤테로 가부장제, 계급의 엄혹한 끄트머리에서 겨우 목숨을 부지하는 사람이든—집단적인 해방이 전개되면 **무언가**를 포기해야 할 것이다. 이 세상이 완전히 개조된다면 당연히 사람도 개조되어야 할 것이므로. 우린 그걸 감지하는 것이다. 그리고 지금으로서는 사적인 핵가족과 오이디푸스 서사(어머니, 아버지, 아이)가 **아닌** 다른 무언가를 통해 자아가 형성된다는 걸 상상하기가 어렵다. 어쩌면 불가능할지도 모른다. 하지만 자아가 항상 이런 식으로 형성된 건 아니었다. 그러니까, 우리가 원한다면 **다른 방식으로도** 자아를 형성할 수 있다는 뜻이다. 만약 당신이 "가족을 폐지하라"는 표현에 거의 반사적으로 "그치만 난 우리 가족을 사랑한다구" 같은 반응을 보이는 사람이라면 당신은 행운아라는 걸 알아둘 필요가 있다. 당신이 가족을 사랑한다니 참 다행이다. 하지만 모두가 그렇게 운이 좋은 건 아니다, 그렇지 않겠는가?

가족을 사랑한다는 건 가족 폐지에 찬성하는 것과 상충하는 일이 아니다. 오히려 정반대다. 내가 생각하는 사랑이란 상대가 충분한 돌봄뿐만 아니라 자율성을 만끽할 수 있도록 있는 힘을 다하는 것이다―자본이 숨통을 조이고 있는 이 세상에서 이런 풍요가 가능하기만 하다면 말이다. 만약 이런 사랑의 정의가 옳다면, 내가 "진짜" 어머니라는 사실을 근거로 아이가 접근할 수 있는 어머니(어느 젠더든 간에)의 수를 제한하는 건 이름값을 제대로 하는 사랑이라고 하기 힘들다. 어쩌면 당신은 (핵가족에서 성장했다면) 아주 어렸을 때 어머니에게 할당된 기능이 얼마나 억압적인지 은연중에 알아차렸을지도 모른다. 어머니의 외로움을 감지하고, 통증 비슷한 연대감을 느꼈을지도. 내 경험상 아이들은 대다수 사람들보다 이를 더 잘 "습득"할 때가 많다. 당신이 누군가를 사랑할 때 그를 고립시키고, 그의 생활 세계를 사유화하고, 그의 거주지와 계급과 법적 정체성을 임의로 지정하고, 친밀하고 상호 의존적인 관계의 영역을 철저히 제한하는 사회적 기술을 승인하는 건 그야말로 터무니없는 일이다. 하지만 이런 이야기를 하기엔 너무 이르다.

　　　　대부분의 가족 폐지론자들은 자기 가족을 사랑한다. 흔히 어떤 사회 시스템에서 불쾌한 경험을 했던 사람, 그리고 그 시스템에 대한 사랑**만이 아니라** 다른 감정 역시 느끼는 사람들이 그걸 전복하는 운동을 시작한다는 건 물론 맞는 말이다. 하지만 "어린 시절이 불우"했음에도 자기 가족을 사랑하는 건 (예비) 가족 폐지론자들에게서 상당히 전형적으로 찾아볼 수 있는 모습이다. 이를테면 가족 폐지론자는 자기 가족을 사랑하고, 그들의 행복을 빌고, 그들에게 절실한 돌봄을 제공하는 문제에 관해서라면 이 세상에 가능한 대안이 **거의 또는 전혀** 없다는 걸 잘 알면서도, 자신과 자기 가족이 서로에게 유익하지 않음을 본능적으로 감지할 수 있다는 것이다. 사실 자기 가족을 사랑하는 건 **누구에게든** 문제일 수 있다. 가족을 벗어나고 싶어하는 가정폭력 생존자들에게는 추가적인 족쇄가 될 수 있고(특히 상업화된 주거에서 도망친 사람들에게 자본주의가 가하는 경제적 처벌을 감안하면 더욱 그렇다), 트랜스

젠더나 장애아동이 의료서비스를 받는 데 지장이 있을 수도 있고, 임신중단을 가로막는 논리가 될 수도 있다. 지금 이 순간 재생산 **권리**—재생산 정의는 고사하고—가 장소에 상관없이 시스템 차원에서 거부되고 있음을 부정하는 사람은 거의 없을 것이다. 긴축정책은 의도하기라도 한 것처럼 프롤레타리아트의 자녀 출산을 뼛골 빠지는 부담으로 만들고 있다. 성인 한 명도 아니고 둘이나 셋, 심지어는 네 명이 함께 일한다 해도 말이다. 가사노동은 성별화되고, 인종화되고, (부유한 집에서 일하는 게 아니고서야) 임금도 못 받는다. 이런 전 지구적인 조건에서 숱한 이들이 가족을 사랑하지 않거나 사랑**할 수 없는** 건 당연하다. 이유는 단순한 불화에서부터 다양한 혐오증, 비장애인 우월주의, 성폭력, 방임까지 수두룩하다.

　　내가 아는 비밀 하나를 얘기해보겠다. 사람들에게 당신은 어릴 때 받았던 것보다 더 나은 대접을 받을 자격이 있는 사람이라는 암시를 주면, 그들 모두 격분한다. 또 한 가지 알게 된 것은 많은 사람들이 그들 자신의 "생물학적" 양육에서 발생한 긴장, 비극, 갈취, 돌봄 결핍에 따른 좌절감에 대해서 한참 동안 떠들고 난 직후에 가장 선명하고 열렬하게 "그치만 난 우리 가족을 사랑해"라는 반응을 보인다는 사실이었다. 내가 살펴본 바에 따르면 사람들은 자신의 피붙이들이 덜 외롭고, 돌봄 책임에 덜 짓눌리고, 선택의 여지가 없는 상황에 놓이지 않았더라면 좋았겠다는 바람을 다 떠들어놓고 난 직후에 **상황이 다르게 흘러갈 수도 있었다는** 생각에 성질을 내면서 반대하는 모습을 드러냈다. 이런 사람들은 좀 다른 문제다. 이 같은 방어적인 발작은 '고마워 죽겠지만 난 가족 폐지 같은 건 필요 없어'라고 말하는 것과 비슷하다. 그래, 뭐 가족이 결핍을 근간으로 트라우마를 유발하는 규율 장치일 수는 있는데, 어쨌든 내 일은 내가 알아서 할게라는 식이다.

알고 있다. 아빠가 당신이 이 책을 읽는 모습을 보고 화를 낼까 봐 두려워하는 게 다가 아니라는 걸. 경험해본 적도, 만져본 적도 없는 풍요를 위해서 모두에게 익숙한 가난을 포기한다는 상상은 실존적인 공포를 불러일으킨다는 걸.

가족이란 뭘까? 가족은 사람들이 안전하게

지내고, 사람들이 비롯되고, 사람들이 만들어지고, 사람들이 속하는 배타적인 장소라는 생각이 워낙 뿌리 깊다 보니 이건 더 이상 하나의 생각처럼 느껴지지도 않는다. 그렇다면 이 생각을 한번 해체해보자.

가족은 우리가 일하러 가고 싶게 만들고, 일하러 가야만 하고, 일하러 갈 **수 있는** 이유다. 가족은 근본적으로 우리 사회가 돌봄을 사적인 문제로 치부한다는 것을 내포한 단어다. 가족이 돌봄과 동의어처럼 여겨지다 보니 시민 의식이 있는 모든 개인에게는 '가족'이 아주 중요한 존재 이유가 되었다. 생각할 필요도 없이 자발적으로 서약하는 이타적인 원칙이자 비개인주의적인 신념처럼 보이는 것이다. 어떤 대안이 있을 수 있겠는가? 모든 "생계부양자" 뒤에는 착취를 감내하게 만드는 사적인 누군가(혹은 누군가들)가 있다는 생각, 요컨대 가장이 힘들게 벌어온 돈으로 "공짜로" 샌드위치를 만들거나 샌드위치를 만들 다른 사람을 고용하고, 부스러기를 청소하고, 남은 재료는 냉장고에 보관하는 등의 가사노동을 함으로써 내일 더 많은 빵을 벌어올 수 있게 내조하는, 특히 아내 같은—역시 생계부양자가 될 수 있는 어떤 사람—존재가 있다는 생각은 많은 사람들에게 "인간 본성"에 대한 묘사처럼 느껴질 정도인데.

　가족이 없으면 누가, 또는 무엇이 환자나 어린이나 노인 같은 비노동자들의 삶을 책임지겠는가? 이런 식의 질문은 나쁜 질문이다. 우리는 비인간 동물이 동물원 밖에서 지내는 게 더 낫다고 말하는 데 주저함이 없다. 아무리 대안적인 서식지가 갈수록 희소해지고, 심지어 동물들이 동물원의 잔혹한 환경에 익숙해졌다 해도 말이다. 마찬가지로 가족에서 벗어나 다른 대안을 만드는 건 만만한 일이 아니다. 하지만 가족은 돌봄을 제대로 못 하고 있고, 우리 모두 더 나은 대접을 받을 자격이 있다. 가족은 대안을 가로막고 있을 뿐이다.

　"대안이 뭔데?"라는 어질어질한 질문이 던져지는 이유 중 하나는 이론상 가족이 매일같이 **노동자**(와 그의 노동)를 탄생시키기 때문이기도 하지만, 신생아가 가족을 이루는 로맨틱한 한 쌍의 산물이라는 걸 법적으로 인정해주는 장치가 가족이기 때문이다. 또한 원부모를 승인하는 이 행위는, 원부모에게 "자기" 자손에 대한 재산권, 즉 **부모라는 지위**뿐만 아니라 자식의 인생에 대한 거의 배타적인 책임으로 이어진다. 어린 사람들이 이런 보호자들에게 전적일 정도로 의존하는 건 가혹한 도박이 분명한데도, 오히려 사회적 개입이 필요하지 않은 "본성에 따른" 현상으로, 심지어는 관련 있는 모두에게 **아름다운** 일로 그려진다. 아이들은 부모 한둘에 기껏해야 소수의 다른 "부차적인" 돌봄 제공자들만 있는 게 이롭다는 식이고, 부모들은 이 강렬하고 고립된 로맨스에서 그 무엇과도 비할 수 없는 기쁨을 얻는다는 식이다. 심신이 완전 탈탈 털린 부모들의 지옥도가 끊임없이 언급되는데도, 부모라는 조건은 한없이 감상적인 취급만 받는다. 부모 역할을 터무니없이 부당한 노동의 분배로, 어린 사람들에 대한 책임과 권한의 폭력적인 분배로, 변화 가능한 분배로 파악하는 경우는 거의 없다.

국민국가라는 소우주가 그렇듯 가족은 국수주의와 경쟁의 산실이다. 가족은 마치 분사가 수억 개인 공장처럼 문화적 정체성과 민족 정체성과 이분법적인 젠더 정체성을 가진 "개인"을, 계급을, 인종 의식을 찍어낸다. 이는 무한히 재생 가능한 에너지원처럼 시장을 위해 공짜 노동을 수행한다. 앤 매클린톡

Anne McClintock은 《제국의 가죽Imperial Leather》에 가족은 마치 "역사적 진보의 유기적인 요소"처럼, 일반적인 "배제와 위계를 합리화하는 데 반드시 필요"해진 **통합체 내부의 위계**를 보여주는 이미지로서 제국주의를 위해 복무했다"고 쓴다.[3] 이러한 모든 이유로 가족은 자본주의의 기본 단위로 기능한다. 마리오 미엘리Mario Mieli는 가족을 "사회적 조직의 세포"라고 표현한다.[4] 내가 다른 데서 한탄했듯이, 가족의 종말보다는 자본주의의 종말을 상상하는 게 더 쉬울지 모른다. 하지만 꾸준히 이어진 유토피아적인 실험들은 완전히 다른 사회적 조직의 실타래를 **실제로** 만들어내고 있다. 계급 없는 사회를 향한 운동이 가정을 자유롭게 형성하고 민주적으로 운영할 수 있다는 전제를 진지하게 받아들일 경우 규모를 확장시켜 적용할 수 있는 소집단 문화microculture를 비롯해, 누구도 노동하지 않는다는 이유로 음식과 쉴 곳, 돌봄을 박탈당해서는 안 된다는 원칙 같은 것들 말이다.

가족의 가치는 부르주아 경제의 축소판이다. 멜린다 쿠퍼Melinda Cooper의 설명에 따르면 1970년대 말부터 신자유주의자들과 신보수주의자들은 가족을 내세워 엘리자베스 시대의 "구빈법" 원칙들과 함께 복지를 완전히 뜯어고쳤다. 사회가 아니라 혈육에게 빈민에 대한 책임을 넘긴 것이다. 400년 전의 구빈법 원안에서도 "자유시장", "자유로운 개인", 부채 같은 개념들이 혈연의 의무와 가족 간 유대라는 주춧돌 위에 서서히 세워지고 있었다. 요컨대 가족이 없으면 부르주아 국가도 없다. 가족의 기능은 복지를 대신 수행하고 채무자의 보증을 서는 것이다. 가족은 개인의 선택이니, 개인의 탄생이니, 개인의 욕망 같은 허울을 쓰고 있지만 실제로는 국가의 노동력 재생산을 저렴하게 관장하고 빚을 확실하게 갚게 하는 수단이다.

　　　　하지만 잠깐, 가족은 이미 위태롭지 않은가! 혹은 그렇다는 전설이 있다. **요즘 애들은 자식을 낳으려고 하질 않아, 요즘 애들은 가족을 돌보질 않아, 그냥 부모 집에서 살아, 집 나가면 전화도 안 하고, 자기 집을 사려는 꿈을 안 꿔, 결혼도 안 하려고 하고, 가족을 중요하게 생각하지 않아, 가정을 꾸릴 기반을 다지지도 않고.** 하지만 생각해보라. 가족은 위태롭지 않은 적이 없었다. 쿠퍼가 《가족의 가치Family Values》 첫 문장에서 말하듯 "가족의 역사는 부단한 위기의 역사"다.[5] 붕괴 직전이라는 호들갑이 없으면 안 된다. 주위를 둘러보면 가족의 사멸에 대한 보도가 대단히 과장되었다는 걸 금방 알아차리겠지만 말이다. 자유민주주의 정치에서 가족을 공격한다는 건 상상할 수 없는일이다. 정당정치의 스펙트럼 그 어디에서도 가족의권위를 끌어내리고, 종말을 재촉하고, 심지어는 정책의 중심에서 배제하는 제안조차 찾아볼 수 없다.

　　"가족의 가치"와 정치 — 대문자 P로 시작하는, 정치꾼들의 전유물로서 정치 — 는 오랫동안 동의어였다. "우유 도둑" 마거릿 대처●가 1980년대에 **사회 같은 건 없다. 남성과 여성 개개인, 그리고 가족이 있을 뿐이다**라고 말했을 때, 그는 가족주의에 반대하는 적들을 논쟁으로 무찌르려 했다기보다도 자본주의의 현실을 의기양양하게 까발린 것이었다. "사회적"인

●　[옮긴이주] 1940년대 전시 물자 부족 탓에 아이들과 임산부들이 영양실조에 시달리는 것을 막기 위해 우유를 무료로 지급하던 프로그램을, 1970년대에 대처가 지급 대상을 7세 이하 아동으로 제한하면서 '우유 도둑milk snatcher'이라는 별명이 붙었다.

것은 수익성에 반할 뿐만 아니라 가족에도 반한다는 뜻을 은연중에 담고서. 가족, 그러니까 **가업**이나 부모 찬스는 대단히 반사회적인 제도다. 그리고 사실 연대를 적대시하는 대처식 정책들로 황폐해진 풍경에서는 서로 물어뜯거나 기껏해야 경쟁을 벌이는 가족 또는 인종(거시적인 가족)**밖에 없다는** 기분이 들 수도 있다.[6] 세금, 수당, 유서, 증서, 교육과정, 법원, 연금이 가족 제도를 유지시키는 기술로 작동하면서 어디에나 포진해 있다. 심지어 건축적인 차원에서도, 가족의 영토에 처음 방문한 이방인 앞에는 끝없는 문이 이어진다. 이런 문 하나하나에는 담보 대출과 (은유적인 의미든 실제 의미든) '외부인 출입 금지' 표지판이 단정하게 매달려 있고, 그 안에는 자가 관리에 익숙한 개별 소비자 겸 사업가의 소규모 소장품들이 들어 있다. 반면 대부분의 공공 또는 공유 공간들은 상업적 여가를 위한 것일 뿐 아니라, 주로 이성애 커플이나 핵가족 자녀들을 염두에 두고 설계된다.

      하지만 거버넌스 양식으로서의 가족이 잔혹한 경제적 사실이라 해도, 제도로서의 관념적인 가족**을 실제로 경험하는** 일은 거의 없다. 현실에서 살아가는 인간의 모습은 제각각이고, 그게 그렇게 이상한 일도 아니다. 어떤 사람들은 잠시 지나치듯이, 묘하게, 창의적으로, 창고 생활과 다를 바 없이, 강제적이거나 부분적으로 공동체적인 방식으로 동거 생활을 한다. 또 다른 사람들은 철저하게 혼자 살아간다. 그런데 그런 건 중요하지가 않다. 가족은 선택처럼 보이지만 가족이라는 틀 밖에 있는 사람들에게 사회부적응자라는 딱지를 붙이기 때문이다. 다들 꼬임에 넘어가거나 최소한 훈육을 당한다. 우리는 거기서 벗어나지 못한다. 개별적으로는 거부할지라도 말이다. 그리고 아무리 거부하더라도 심하게 부풀려진 가족 붕괴 서사가 더 나쁜 무언가의 전조일지 모른다는 걱정까지 떨치기는 힘들다.

결국 모두가 패자다. 가족은 자본축적을 제외한 다른 모든 목적에는 비참할 정도로 부합하지 못하므로. 이는 누구의 "잘못"도 아닐 때가 많다. 그냥 별것도 아닌 데에 너무 많은 걸 기대하는 것일 뿐이다. 한편으로 가족은 이 지구에서 가장 많은 강간과 가장 많은 살인이 일어나는 장소다. 당신에게 날강도짓을 하고, 당신을 괴롭히고, 갈취하고, 조종하고, 구타하고,

원치 않는 접촉을 할 가능성은 그 누구보다 가족이 더 크다. 논리적으로, "당신을 가족같이 대하겠다"는 의지의 표명(많은 항공사, 레스토랑, 은행, 소매점, 직장에서 그러하듯이)은 소름 끼치는 위협으로 받아들여져야 한다. 대신 누군가에게 은유적으로 "가족"이 된다는 건 그 사람에게 상당히 **가족답지 않은** 무언가, 말하자면 수용, 연대, 기꺼이 돕겠다는 약속, 환대, 돌봄이 있다는 걸 믿게 만드는 일이다.

　　　　물론 가족은 고유한 관리망을 가지고 일정한 형태의 도움을 어디서 끌어낼지(그리고 그것이 누구의 법적 의무인지)를 정해놓고 있다. 하지만 이건 연대와는 아무 상관이 없다. 부부, 핏줄, 유전자, 자손의 소유 개념에, 그리고 공동이 누릴 수 있어야 하는 것의 사유화에 입각한 가족은 대중적인 유기체가 아니라 국가 제도일 뿐이다. 규범적인 포부이자 마지막 보루이다. 운명 행세를 하는 협박이고, 생물학적 필연인 척하는 망할 계약이다. (텔레비전이나 당신 자신의 인생에서) 가족의 결속과 의무를 **상기시키는 것**이 잔혹한 억압 행위일 때가 많음을 생각해보라. 마피아 영화에서 "가족"에 대한 충성과 사랑이 어떻게 구성원들 사이에서 죽음보다도 못한 처벌을 통해 강요되는지를 생각해보라. 그리고 이는 단지 가족에 대한 평범하고 일반적인 논리를 조직폭력배에 걸맞게 조금 과장한 정도로 느껴질 뿐이다. 영국 왕실과, 그들 내부를 지배하는 우생학, 애정 없음, 재산 숭배의 치명적인 논리를 생각해보라. 비록 영국 왕실이 전 세계에서 가족의 원형으로 제시될 뿐만 아니라 2016년부터 이어지고 있는 넷플릭스 시리즈 〈더 크라운〉을 통해 전 세계 시청자들에게 이색적인 재미를 선사(비판하는 사람도 있지만)하고 있지만 말이다. 명예 살인, 여성 살해, 영국의 여섯 살 소년 아서Arthur Labinjo-Hughes* 같은 어린이 살인사건을 생각해보라. 리처드 시모어Richard Seymour에 따르면 아서의 살인자들은 "자기들이 아서의 피해자라고 생각"했단다.[7]

이 모든 걸 감안했을 때, 어떻게 아직도 가족이 다른 모든 관계의 가능성에 대한 기준 역할을 하는지 이상하지 않은가? 나는 모르겠다. 다시 시모어의 말을 인용하자면, 가족이 "필연적인 건 아닐지라도 비

● [옮긴이주] 아서는 부모에게서 학대를 받다 사망했다.

정한 세상의 심장일 수 있기" 때문인 걸까.[8] 내가 보기에 가족이라는 종교는 가족이 앞으로 그런 역할을 **하리라는** 빛나는 희망을 중심으로 굴러가는 게 아닌가 싶다. 우리는 확실한 소속, 신뢰, 인정, 충만의 가능성을 붙잡으려고 한다. 가족이라는 꿈은 안식처에 대한 꿈과도 같다. 굶주림이나 구속과는 정반대되는 무언가. 관용적으로, 어떤 사람이 "가족 같다"는 말을 하는 건 가능한 한 가장 강렬한 의미를 전달하려는 것이다. "너는 내 거야, 나는 너를 사랑해. 우리는 운명이야." 이보다 더 강한 은유는 없다! 그런데 어째서 **이** 은유를 사용하는 걸까?

톨스토이는 "모든 행복한 가족은 고만고만하게 행복하고, 불행한 가족은 저마다의 이유로 불행하다"는 그럴듯한 문장으로 자신의 역작을 시작한 것으로 유명하다. 어슐러 르 귄이 "훌륭한 첫 문장"이라고 인정하듯이, 좋은 말이다.[9] 너무나 많은 가족이 극도로 불행하다! 그리고 이 심각한 불행은 고유하게 체감된다. 자본주의의 구조가 그렇듯이, 그 구조적인 특징이 멀리서 보면 교묘하게 뭉개져버리기 때문이다.

르 귄은 사실 톨스토이의 말을 뒤집은 것이 더 진실에 가깝다고 이야기한다. "전반적으로 대부분의 사람들보다 더 행복해 보이는 가정에서" 성장한 르 귄은 경험에서 우러난 통찰을 보여준다. 그는 "단순히 어떤 가족이 행복하다고 묘사하는 건 현실을 얕보는 참을 수 없는 잘못"임을 지적한다. 르 귄에게 "행복한 가족"이라는 표현은 바로 행복의 본질, 즉 (특히 자본주의하에서는) 무지막지한 대가가 따른다는 사실에 대한 근본적인 무관심함을 드러내는 것이므로. 한가하게 그런 소리를 하는 사람은 가족이 누리는 행복의 토대에 "희생과 억압, 억제, 무언가를 포기하고 내린 선택, 잃거나 잡은 기회, 크고 작은 해악의 균형 잡기로 이루어진 거대한 하부구조"가 존재함을 망각한 것이다. "눈물, 두려움, 편두통, 부정의, 검열, 말다툼, 거짓말, 분노, 잔인함"을 무시하는 것이다. 그렇다, 가족은 행복할 수 있다고 르 귄은 말한다. 속마음을 알 수 없는 표정을 하고 농담 같은 걸 던질 때는 말이다. 그게 "상당히 오랜 시간 동안, 그러니까 한 주, 한 달, 뭐 그보다 더 길게" 이어질 수도 있을 것이다. 그렇다면 톨스토이가 "그토록 자신만만하게 다 똑같다고 일축한" 행복한 가족들, "그들은 어디에 있는가?" **통치 수단으로서 가족**이 돌봄을 조직하는 비참한 방식이라면, 그리하여 **불행한** 가족이 구조적인 의미에서 다 똑같고, 행복한 가족은 기적적인 예외라면 어쩔 것인가?

어릴 때 나는 '행복한 가족'이라는 카드게임을 하곤 했다. 행복과는 거리가 먼 핵가족의 다른 구성원들과 함께. 카드에 삽입된 그림은 1851년에 그려진 것이었다. 포츠, 번, 도즈, 테이프 같은 이름이 붙어 있는 카드 한 세트는 4인 구성이다. (페인트칠, 제빵, 의료, 재단 같은 자기 일을 하는) 남성 가장, (남성 가장을 돕는) 아내, 이분법적인 젠더를 하나씩 나눠 가진 남자아이와 여자아이. **아빠, 내가 양조업자의 아들, 마스터 벙을 가져도 될까요?** 상대의 손에 숨어 있는 카드가 내가 원하는 카드라고 생각하고 이렇게 묻는다. 내가 제대로 맞췄다면 벙 보이의 기묘한 초상이 그려진 카드를 받는다. 그러고는 다시 다른 카드를 달라고 한다. **고마워요! 그럼, 엄마, 내가 채소장수의 아내, 미시즈 그리티스를 가져도 될까요? 아이고 고마워라. 그럼, 다시 엄마. 내가 염색장이의 딸, 미스 딥을 가져도 될까요?** 너무 재밌어서 거의 악마 같은 게임이었다. 그 게임을 생각하면 복수하면서 고소해하던 기분(또는 우스꽝스럽고 힘없는 실망감)이 제일 먼저 떠오른다. 실수해서 차례를 넘겨줄 때까지 한 사람이 의기양양한 가족 대통합 행진을 하며 모든 사람의 손에 들려 있는 카드를 야금야금 빼앗는다. 짠, 보네스 가족 완성. 그렇게 완전체가 되면 행복이 이루어지리라. 그게 우리한테도 효과가 있었을까? 우리는 카드게임 속 가족과 세대도, 젠더 구성도 완전히 똑같았다. 아빠, 엄마, 벤, 나.

　　'행복한 가족' 게임에는 참신한 조롱의 감성이 있다(카드에 그려진 이들은 모두 멍청하고, 심술궂고, 한심하고, 어이없고, 자만심 가득해 보인다). 동시에 이 게임은 강력한 환상을 불러일으킨다. 모든 인간에게는 완벽하게 균형을 이루는 계보망에서 우주적으로 미리 정해진 자리가 있다는 환상 말이다. 이발사는 꼬마 이발사를 낳고, 이들은 자라서 이발사의 아내로 점지된 여자들과 결혼해 다시 더 많은 이발사를 낳을 것이다. 각각의 사람들은 유용한 직업으로 이루어진 드넓은 "행복한 사회" 생태계와 완벽하게 조화를 이루는 경제적 소명을 물려받는다. 딥 씨만이 아니라 딥이라는 성을 가진 모든 사람은 행복하게 염색약을 손에 들고 있다.

수트 집안은 네 사람 모두 검댕투성이다. 먼지떨이를 들고 있는 수트 양의 머릿속에는 청소부 딸이 아닌 다른 무언가가 된다는 생각은 전혀 없는 게 분명하다(언젠가 다른 청소부의 아내가 된다는 생각을 제외하면). 개인과 가족의 융합이 그렇듯, 가족과 가족 **사업**의 융합은 절대적이다. **일**하지 않는 사회 구성원은 이 유명한 카드 게임의 개요 안에서는 생각할 수 없다. 1980년대에 미셸 바렛Michèle Barrett과 메리 매킨토시Mary McIntosh가 가족 이데올로기에 대해 했던 말을 인용하자면 "이건 경제의 환상"이다. "이기적인 '경제인'의 행위가, 시장 메커니즘의 '보이지 않는 손'을 통해 쌓이고 쌓여서 생산과 소비의 최적 패턴에 이른다"는 바로 그 환상 말이다.[10]

　　자, 보라. 수십 년 뒤인 2021년, 베스트셀러 작가이자 경제학자인 에밀리 오스터Emily Oster는 "가족을 사업체처럼 운영"하기 위한 "데이터 기반" 안내서《가족 기업The Family Firm》을 출간했다. 이 책은 오늘날 부모로서의 결정을 재빨리 내려야 하는 상황에서 경쟁력 있는 주자가 되고자 하는 이들에게 손쉬운 "관리" 도구를 제공하면서 사적 부르주아의 "인사 관리" 역학을 진지하게 평가한다. "더 많은 돈을 들여서 얼마나 많은 추가적인 행복을 얻을 것인가?" 오스터는 예산 회의를 하면서 자문해보기를 제안한다. "돈의 **양**만이 아니라 이 돈의 **한계효용**을 고려해야 한다."[11] 부모로서 행복은 적게 일하고 아이들과 더 많은 시간을 보내는 데 있다는 결정을 내릴 수도 있지만, 오스터의 매트릭스에서는 이 역시 가차 없이 생산성으로 귀결된다. 오스터는 이렇게 말한다. "내가 그 시간을 중요하게 여기는 건, 아이들과 함께 보낼 수 있어서이기도 하지만 솔직히 말하자면 어느 누구도 바이올린 연습을 엄격하게 감독하지 못하리라고 생각하기 때문이다."

　　가족은 노동의 이데올로기다. 오스터는 21세기 초 가족의 신조가 유연한 고소득 사업가 집단의 최적화(바이올린 연주를 비롯한 다른 형태의 소위 인적자본 투자를 통해)가 되었다고 부끄러운 줄도 모르고 말한다. 앞서 본 것처럼 과거에는 가족이 만들어낸 노동자를 '행복한 가족' 카드에 그려진 특정 업종의 길드 아바타라는 측면에서 상상하는 경향이 더 컸다. 칩 씨나 벙 씨(소부르주아 소득자)와 부지런하지만 임금을 받지 못하는 아내와 아이들이라는 식으로. 실제로 유럽의 노동운동이 1890년대에 스스로 남성 생계부양자 가정이라는 그림에 도달한 이후 사회주의자들은 노동계급 "부양자"에게 의존하는 식솔들(할아버지, 할머니, 여성, 꼬맹이들, 결혼하지 않은 처가 식구) 모두 이 부양자의 노동에 딸린 존재로 바라보는 낭만적인 개념을 고수해왔다.[12] 반면 오늘날의 웨이트리스 씨Mr. Waitress는 아마 최소 두 번은 재교육을 거쳐서 테크서포트 씨Mr. Tech Support, 너스 씨Mr. Nurse, 우버이츠 씨Mr. Uber Eats 등으로 변신할 것이고, 동시에 여러 가지 일을 하는 경우도 있을 것이다. 학자들이 "여성화"되었다고 즐겨 말하는(고용된 여성노동자의 비중이 높기 때문이기도 하지만 핵심 이윤 부문의 전통적인 "젠더"—서비스, 접대, 지원, 컴퓨팅, 감정 등—때문이기도 하다) 소위 선진 경제 또는 과잉발전 경제에서는 거의 모든 사람이 "남성 생계부양자"가 되기 위해 노력해야 한다. 이런 위태로운 상황에 가상의 수트 양이 자신이 장차 무슨 일을 해야 할지 아무런 불안감도 느끼지 않는다는 데에는 매력적이고 유토피아적이기까지 한 구석이 있다. "노동하는 가족", 우주가 점지한 장인 팀을 이루는 것은 대단히 유혹적인 생각이다. 안정과

조화, "적절한 재생산"을 연상시키니까. 소비자, 유권자, 전문가들이 "가족 사업체", "엄마 아빠 가게" 개념을 사랑하는 건 이상한 일이 아니다. 이런 곳에서는 노동자의 임금 및 복지, 노동조건이 낫기는커녕 더 열악한 게 분명한데도.

　　에밀리 오스터를 예외라고 치면, 내가 보기에 자본주의 사회는 한번 가족의 가치(즉 **노동**가치)를 발명한 다음에는 일관되게 진지한 태도로 그걸 진전시키는 데 실패한 것 같다. 모두가 (순화해서 표현하자면) 가족을 행복의 원천으로 경험하는 건 아니라는 걸, 그리고 모두가 (역시 순화해서 표현하자면) 자기 일을 사랑하는 건 아니라는 걸 모르는 사람은 없다. 어떤 사람들은 그걸 늘 의식하면서 지낸다. 이성애 규범적 가정과, 그것이 양산하는 출세 지향적 근면함에 대한 진지하고 직설적이고 파시즘적인 찬가는 차고 넘친다. 감상적인 빅토리아시대 소설에서부터 국뽕 냄새가 물씬 나는 헐리우드 스릴러, 점점 강해지는 기독교-민족주의적인 정책 기조도 빼놓을 수 없다. 하지만 똑같이 주류적인 예술과 문학에서 가족 이데올로기에 대한 "불만"을 표출하는 경우도 놀랄 만큼 많다. 그러니까 가족에 적대적인 정치는 상상 불가능한 게 아니라, 모든 곳에 있다! 가족생활에 대한 글이나 예술은 대개 아무리 못해도 풍자적이며, 완전히 암담할 때도 많다. 《리어왕》, 《트리스트럼 샌디》, 《제인 에어》, 《미들마치》, 《보바리 부인》, 《빌러비드》, 〈트윈픽스〉, 〈소프라노스〉, 〈왕좌의 게임〉, 〈브레이킹 배드〉, 〈심슨 가족〉, 아니면 앨리슨 벡델의 《펀 홈》을 생각해보라. 당장 생각나는 작품만 추려봐도 이 정도다. 리얼리즘 양식을 따르든 고딕 양식을 따르든 이들 작품 모두 가족을 엄청난 지루함, 쓰라린 결핍, 치유되지 않은 트라우마, 말할 수 없는 비밀, 묻어버린 상처, 억울한 귀신, "일촉즉발의 칼부림knives out", 고문이 이루어지는 다락, 벽지 벗겨내기의 현장으로 바라본다. 하지만 "기후 소설"을 비롯해 국가 위기 상황이나 대재앙에 관련된 재현물에서는 다른 모든 게 무너져내렸을 때 우리가 의지할 **필요**가 있는 핵심적인 관계는 가족이라는 입장을 굽히지 않는다.[13]

풍자는 그 자체로 권력을 불안정하게 만들지 못하며, 때로 청중을 선동해 눈앞의 상황에 대한 성난 반응을 자극**하는 대신** "공감대"라는 위안을 제공한다는 점은 지적해둘 필요가 있을 것 같다. 하지만 문화가 노동의 도덕성을 꾸준히 문제 삼는다는 사실, 그리고 "가족이 최고"라는 계율의 허무함을 조명한다는 사실은 **중요하다**. 가족생활이 얼마나 실망스러운지—얼마나 짜증 나고, 부당하고, 잘해봤자 진 **빠지**고, 최악의 경우에는 얼마나 심각한 트라우마를 남기는지—를 인정하는 것이 고전소설, 가족만화, 드라마, 시트콤, 회고록의 지배적인 논조 중 하나라는 사실은 의미심장하다. 가족주의와 이성애 커플 중심성에 대한 풍자는 너무 미묘해서 알아차리기 힘들 때도 있다. 이런 움직임은 그 자체로 의미가 크다. 소설이나 미니시리즈 등장인물들이 오래오래 행복하게 살았답니다 식의 "각본"을 가슴 절절하게 비판한 다음, (등장인물들에게 기분 좋은 놀라움과 어리벙벙함을 선사하며) 결국은 다시, 어쩌면 이번에는 다를지 모른다는 잠잠한 태도로 플롯을 전환하는 방식 같은. 서사의 결론이 "사랑 놀음을 집어치워라"가 되는 일은 없다. 서두에서 주인공들이 이런 관점을 한번씩 드러낼 때가 있긴 하다. 이를테면 샐리 루니의 소설에 나오는 문학적 자의식 높은 등장인물들은 이 모든 걸 알고 있다. 하지만 "아름다운 세상아, 너는 어디 있니?"[이는 샐리 루니의 소설 제목이기도 하다]라는 질문에 대한 반쯤 진지한 대답이 "네 유년 시절 연인과 꾸리기로 결심한 정상가족의 단란함 속에"인 것으로 드러날 때, 우린 이 소설에 낚인 것이다![14] 그럼에도 독자들은 앨리스와 펠릭스, 엘린과 시몬이 자본주의에 대한 걱정을 중단하고 결혼을 하고자 하는 욕구를 받아들일 때 정치적·실존적 고뇌가 녹아 없어지는 경험을 소비한다.

분명 부르주아 소설 말고도 다른 가족 비판 장르가 존재하지만, 그게 꼭 매력적인 건 아니다. 〈유전〉, 〈샤이닝〉, 〈소사이어티〉, 〈굿나잇 마미〉, 〈사이코〉, 〈스텝파더〉, 〈어스〉 같은 작품에는 살인자로 둔갑한 어머니와 함께 기어 다니는 영매, 사방에 피가 튄 식당, 근친상간 복수, 활활 타오르는 집 같은 것이 등장한다. 비판적인 영화학자들은 오래전부터 공포영화, 특히 부유한 백인 가정, 가부장적인 가사노동 체계, 또는 식민 정착지에 대한 (종종 그 내부로부터의) 공격을 그리는 영화들 안에 잠재적인 반란의 욕망이 꿈틀대고 있음을 지적했다.[15] 《어둠의 가정Hearths of Darkness》 같은 책들이 주장하는 바에 따르면, 난폭하고 끔찍한 영화는 대중들의 반反가족적인 욕망을 분출시키는 통로 역할을 할 때가 많다고 주장한다.[16] 당신이 좋아하는 호러영화에 등장하는 가정의 위협적인 인테리어, 적대적인 주방 도구, 소름 끼치는 아이들, 살인마 같은 혈육, 밀실공포증을 유발하는 지옥도를 떠올려보라. 슬래셔나 가택 침입home-invasion,* 페미니스트 호러 장르의 주요 작품들은 가족을 향한 외부의 위협에 대해 국수주의적인 우려를 표출하는 것 같으면서도, 실은 내부에서 불을 지르고 난도질하는 등 상상 가능한 모든 환상을 탐닉한다. 고어에서부터 소위 "심리" 호러에 이르기까지 다양한 장르가 가족 형태를 (그것이 견뎌내고 있는) 고문에 공공연하게 연루시킨다. 이런 영화들에서는 집으로 돌아가는 것이야말로 금지하고 막아야 하는 폭력이다. 괴물이 집 안에서 나오므로.

맙소사, 내가 누구를 **괴물**이라고 부르는 거지? 설마 아빠랑 엄마랑 큰고모 트리시? 아니다. 가

● [옮긴이주] 〈더 게스트〉, 〈패닉 룸〉 등 집에 외부 침입자가 들이닥치는 영화들을 말한다.

족 폐지는 "애들 장난 같은" 정치가 아니다(아이들이 가족 폐지를 상상하고 펼쳐 보이는 선봉에 서야 하긴 하지만). 가족 폐지 운동은 아무 걸림돌 없는 완벽하고 보편적인 행복을 기대하지 않는다. 그보다는 당신이 각본을 뒤집어서 오히려 **가족**이야말로 비현실적이고 유토피아적이라고 생각해보면 좋겠다. 가족은 지금 이 순간 모든 사람을 행복하게 해줘야 하고, 우린 모두 경쟁적으로 사회적 재생산을 하는 작은 생물학적 팀의 아바타가 되어야 한다. 우리가 비행을 저질렀을 때 우리는 가족의 짐이 된다. 관념적으로, 이런 경험은 우리가 가진 건 가족밖에 없음을 (그게 마치 좋은 것이라는 듯이) 상기시킴으로써 우리를 재구성한다. 우리가 특출함을 뽐낼 때도 어떤 의미에서 우리는 생물학적 씨족이라는 덩어리에서 쪼개져 나온 부스러기, 같은 혈족들이 자랑스러워할 만한 무언가일 뿐이다.

현대 가족주의는 수트 양의 심리와 그렇게 동떨어진 것이 아니다. 우리는 마치 수트라는 **그 이름**처럼 수트 양의 행복이 의식이 빚어낸 허구임을 망각한 것 같다. 이 세계의 피와 살을 가진 숱한 수트 양들을 행복하게 —**진정** 행복하게— 만들려면 자아실현은 노동이나 재생산 속에 있는 게 아니라는 것을 받아들여야 한다. 우리는 서로의 진짜 이름을 알아내고, 출생 신고서에 적힌 임의의 데이터가 사람의 운명을 결정하는 시스템에 맞서 함께 투쟁해야 한다. 악귀 같은 카드게임의 한 세트처럼 (오브라이언M. E. O'Brien의 말을 빌리자면) "더 이상 서로에게 폭력적으로 묶인"[17] 사람이 없는 공동 거주, 공동 식사, 여가, 노인 돌봄, 어린이 돌봄 체제를 향해 애쓰는 건, 퀴어적인 울트라 좌파의 과격한 기행 따위가 아니라 초기적인 사회주의로 이해해야 한다.

장담하건대 당신은 (특정한 계급에 속한) 한 명, 두 명, 세 명, 또는 네 명의 개인에게 임의로 신생아를 떨어뜨리는 복권 시스템보다 더 나은 무언가를 상상할 수 있다. 그들에게 아기를 삶에서 가장 중요한 20여 년 동안 (아기 자신의 동의도 없이) 맡겨놓고, 아기가 자신의 육체적 생존, 법적인 존재 상태, 경제적 정체성을 전적으로 의지하게 만들고, 또 그들이 자기 인생을 노동에 바치는 이유가 되게끔 강제하는 시스템 말이다. 당신은 사랑하는 아이에 대한 헌신이 성인들 (특히 여성)의 족쇄가 되는 규범보다 나은 무언가를 상상할 수 있다. 함께 머리를 맞대면 우리는 인간 "본성"에 대한 다른 설명을, 사회적 재생산을 조직하는 다른 방식을 발명할 수 있다. 오늘날에 가족은 허울을 걷어내고 보면 국가와의 경제적 계약 또는 노동자 교육 프로그램일 뿐이다. 힘을 합치면 우리는 합의에 기반한 세대 초월적인 공동 거주 양식을, 일상의 노동이라는 부담을 분배하고 최소화하는 대대적인 방법들을 확립할 수 있다.

그럼에도 우리가 **행복의 청사진**을 찾게 될지는 대단히 의심스럽다. 어슐러 르 귄의 질문이 여전히 나를 쿡쿡 찌르기 때문이다. 톨스토이가 그토록 무심하게 말한 행복한 가족, **그건 어디 있는 걸까?** 비참함이 행복보다 **더 진실하다고** 여긴 고전 작가들의 짝퉁 급진리얼리즘과 근래 유행하는 냉소주의와는 반대로, 르 귄은 행복을 희귀하고, 흥미롭고, 거부할 수 없고, 저항적인 집단 예술이라 여긴다. 아마 르 귄은 가족 폐지가 행복에 대한 호기심과 욕구를 유발하는 중요한 수단이라는 내 주장에 동의했을 것이다.

이 땅에서 소위 재생산노동을 배당받은 우리로서는 특히, 행복이 까다로운 예술이라는 것, 끝없는 헛수고라는 것, 그 정의상 누구도 빠질 수 없는 어지러운 안무라는 것을 잘 안다. 대부분의 가정에 속한 대부분의 구성원들이 대부분의 시간 동안 깊고 진실하게 행복한 세상은 미래에, 아직 쓰이지 않은 역사의 일부에 있다. 그것은 르 귄의 작품 같은 사변소설들이 다가서려 하는 지평처럼 느껴진다. 하지만 모든 유토피아가 그렇듯이 그 세상 역시 이미 현재에 깃들어 있다. 온갖 역경에도 불구하고 사람들이 해방적이고 (사유재산에 반한다는 의미로서) 퀴어적인 돌봄 양식을 개발하고자 애쓰는 모든 구석구석에서 성긴 움을 틔우고 있다. ('퀴어'라는 단어에서 공산주의적인 의미는 상당 부분 지워졌지만, 여기저기서, 또 내 마음속에서 분명 '퀴어'는 여전히 가족 폐지론적 의미를 담고 있으며, 자본주의의 재생산 제도―결혼, 사유재산, 가부장제, 경찰, 학교―에 대한 저항을 뜻한다) 퀴어적이게도, 최고의 돌봄 제공자들은 이미 알렉산드라 콜론타이가 아이들, 연로한 친척, 파트너와의 관계에서 "재산 사랑"이라고 부른 소유적 사랑possessive love을 무너뜨리기 위해 노력한다. 가장 동지적인 어머니 역할 수행자들은 민간에 내맡겨진 돌봄에 반기를 든다. 따라서, 어쩌면, 엄밀한 의미에서 (마이클 하트Michael Hardt가 단언하듯) 진정한 행복의 생산은 지금 같은 조건에서는 가망 없는 일인지도 모른다. "오직 재산 사랑이 폐지된 뒤에야 우리는 새로운 사랑, 혁명적인 사랑, 붉은 사랑을 창조하기 시작할 수 있다."[18] 하지만 많은 이들이 이미 그런 폐지를 감행하고 있다는 점 역시 부인하기 힘들어 보인다.

곧 보겠지만 가족 폐지는 아주 오래된 생각이다(플라톤은 기원전 375년경에《국가론》을 썼고 샤를 푸리에는 200년 전에 "페미니즘"과 사회주의 공동체 "팔랑스테르"를 처음으로 생각해냈다). 1960~1970년대를 비롯해 일부 시기에는 비교적 많은 이들이 이런 생각에 익숙하기도 했다. 3장에서는 19세기 프랑스의 유토피아, 마르크스와 엥겔스의 "악명 높은 제안", 콜론타이 같은 뜻을 이루지 못한 볼셰비키 정치위원들, 슐라미스 파이어스톤 같은 혁명적 페미니스트들, 20세기 중반의 게이해방운동가들과 아동해방론자들, 거친 복지 수급자들, 퀴어적인 선주민들과 흑인 투사들, 21세기의 트랜스 마르크스주의자들을 비롯해, 가족 폐지론의 역사 속으로 들어갈 것이다. 하지만 이 역사를 들여다보기 전에 2장에서는 "개혁"이나 "확장" 같은 대안이 아니라 (혹자의 표현에 따르면 불필요하게 자극적인) "폐지"라는 용어를 둘러싼 찬반양론에 주목할 것이다. 이러한 맥락에서 폐지는 무엇을 의미하는가? 가족 폐지론자들은 "백인", "부르주아", "핵"가족을 말하는 거라고 구구절절 설명해야 하는 걸까? **당신의** 복잡하고, 금전적으로 쪼들리고, 퀴어적이거나 인종적으로 주변화된 혈연 네트워크는 절대 아니라고? 아니면 구조적인 의미에서 백인, 부르주아, 핵가족이 아닌 가족은 존재하지 않는다는 주장을 고수해야 하는 걸까? 그 대답을 찾기 위해 우리는 백인 지배계급과 흑인 프롤레타리아(또는 피식민자)의 가족관계가 어떻게 다른지 깊이 파고들 것이다. 어째서 "흑인 가족"을 모순어법이라고 생각하는 게 타당할까? 어째서 어떤 사람들은 "가족을 폐지하는 것"이 비백인 집단과 피억압 계급에 바람직하다는 생각을 거부하는 걸까? 가족 폐지를 부르짖는 것과, 피식민자 또는 과거의 노예들이 발전시킨 상호 생존 기술 및 전통을 소중히 여기는 것은 양립할 수 있을까? 마지막으로 4장에서는 통치 수단으로서의 가족에 반대하는 진짜 가족real families against the family 운동이 어떤 모습일지를 고찰한 다음, 이 은유를 넘어서기 위한 주장을 발전시킬 것이다. 그건 바로 혈연을 완전히 내려놓고 동지적 관계, 근족近族, kith 혹은 아직 이름 붙여지지 않은 관계를 향해 나아가는 것이다.

어떤 가족을 폐지한다는 거야?

"우리 가족이 백인 가족과는 상당히 다른 형태를 취했을지 몰라도 국가 유지에 필요한 사회화는 똑같이 이루어졌다."

– 〈여성으로서 흑인 여성〉, 케이 린지, 1970

이쯤에서 당신은 아마 이렇게 생각할 것이다. 알았어, 다 좋아, 그런데 "폐지"라는 말은 2022년에 불필요한 오해를 불러일으키는 건 말할 것도 없고 이런 맥락에서 자극적이고 해로워 보이는데. 왜 이래, 교도소를 폐지하는 건 찬성이지만 가족을 폐지하는 건 좀 그렇잖아, 안 그래? 흑인, 아시아인, 선주민, 퀴어적인 노동계급 가족은 분명 폐지 대상이 아니야! 가족 폐지는 (특히 "백인"이나 "부르주아"라는 수식이 없을 경우) 진지하게 파고 들어가보면 상대적으로 부유한 백인 사회주의자, 아니면 제국 심장부의 퀴어 정착민이나 최소 무신론자 페미니스트들의 기상천외한 향락 아니야? 집단 학살을 자행하는 점령 권력 때문에 선주민 가족이 이미 항상 붕괴 직전에 놓여 있는, 가령 팔레스타인 같은 환경에서 어떻게 "가족 폐지"를 이야기할 수가 있어? 엘살바도르, 과테말라, 수단, 콜롬비아, 시리아, 예멘, 아프가니스탄에 있는 혈육과 생이별을 하고서 난민캠프에서 지내는 억류자들에게 어떻게 "가족을 폐지하자"고 이야기할 수 있지? 무슨 생각으로 성소수자들이 이성애자들이 누리는 것과 같은, 병원에서 혈육을 면회할 권리나 출산 기술에 대한 접근을 포기하라는 것처럼 들리는 의제에 동의하리라고 기대하는 거야? 어쩌면 가족 폐지보다는 **확대**가족이나 **개혁된** 가족을 요구하는 게 더 나을 수도 있어. 피식민자들의 혈연 관례에 딸린 어두운 면을 수감 상태와 비교하는 것처럼 보이는 위험을 감수하는 건 터무니없는 짓이야. 가족—흑인, 이주자, 선주민 청년들을 폭력에서 막아주고, 이들을 경찰로부터 숨겨주고, 교도소에서 이들을 빼내주는 등 종종 지칠 줄 모르고 애쓰는 **바로 그들**—이 그 적인 경찰, 법원, 교도소와 동급이라 말하는 것으로 해석되는 정치를 옹호하는 건 분명 무모해.

내가 "가족 폐지"에 대한 반론을 너무 술술 풀어놓는 것 같은가? 거의 열정적이다 싶을 정도로?

이런 반론은 심지어 나 자신에게도 너무나 설득력 있다. 《이제는 완전한 대리모 제도를Full Surrogacy Now》을 출간한 뒤, 나는 이런 반론들을 곱씹으며 헤아릴 수 없이 많은 논의 지점에 대해 생각했다. 심지어 지금까지도 "가족을 폐지하자"는 말은 너무 위험하고, 전략적이지 못하고, 부정적인 의미에서 유토피아적이라는 주장에 거의 설득된 상태다. 하지만 **거의**일 뿐 완전히 넘어간 건 아니다. 이 장에서는 호텐스 스필러스Hortense Spillers, 티파니 레타보 킹Tiffany Lethabo King, 제니퍼 내시Jennifer Nash, 헤이즐 커비Hazel Carby, 폴 길로이Paul Gilroy, 케이시 윅스Kathi Weeks, 케이 린지Kay Lindsey, 롤라 올루페미Lola Olufemi, 애니 올라로쿠-테리바Annie Olaloku-Teriba의 주장들을 조합해, 유토피아적인 입장을 방어하는 논리를 쌓아 올리는 데 최선을 다할 것이다. 나의 이 모든 스승들도 알다시피 과거에는 백인 중심의 유해한 가족 폐지론이 있었다. 그리고 지금도 건강하지 못한 백인 중심의 "가족 폐지"(를 자칭하는) 담론이 남아 있다. (이 중 일부가 코로나 팬데믹으로 인한 봉쇄조치 기간에 불쑥 등장했다. 내가 본 소셜미디어에서는 소수의 특권층 여성과 젊은 퀴어들이 이 급진적인 용어를 잠시 전용해 물리적 거리두기와 자택 대기 명령을 몰아세우고, 가사도우미로부터의 도움과 퀴어의 성적 자유를 박탈당한 데 대해 분통을 터뜨렸다. 내가 본 곳에서는 이 일시적인 잡음이 정당하게 조롱당하고, 혼나고, 논박되었다)

다음 장에서 보겠지만 한 세기가 넘는 기간 동안 미국의 사회주의자, 페미니스트, 혁명가들은 부르주아 또는 백인 가족과는 다른(최소한 달라 보이는) 가족 형태로 나아가기 위한 최선의 방향을 놓고 논쟁을 벌였다. 1965년 미국 노동부 장관이 [모이니한 보고서를 통해] (여성 중심의) "니그로 가족"을 "비정상의 난맥상"이라고 공식적으로 진단하고 전통적인 비판 세력 전체를 자극하여 행동에 돌입하게 만듦으로써 이 논쟁은 주류로 뻗어나갔다. 1930년대에 이미 프랭클린 프레이저E. Franklin Frazier[●] 같은 흑인사회주의 사회학자들은 노예제 기록창고에서 진정한 목가적 흑인 가족을 발견하고 흑인 존중 정치의 목적을 전유하기에 들어갔는데, 자연스럽게도 흑인에 대한 난폭한 적개심

● [옮긴이주] 프랭클린 프레이저는 흑인 가족의 '비정상성'이 노예제에서 기원했다고 주장했다.

이 담긴 모이니한 보고서가 이 전통을 부활시킨 것이다. 하지만 이즈음에는 회의적인 좌파 페미니즘 대항-전통 역시 등장했고, 이는 남북전쟁 이전 미국에서 흑인 비-모성un-motherhood의 생산을 획기적으로 설명한 철학자 호텐스 스필러스의 〈엄마는 알겠는데, 아빠는 글쎄Mama's Baby, Papa's Maybe〉에서 절정에 달했다. 스필러스는 (프레이저처럼) 흑인 우호적인 입장에서 노예들이 항상 최선을 다해 가부장적 가족을 열망했다는 주장에 내재한 여성혐오—따라서 그 후예들 역시 가부장적 가족을 지지할 수 있고 지지할 것이라는 식의 함의—에 설복당하지 않고, 폭력적으로 생산된 흑인의 "비혈육성kinlessness"을 진지하게 들여다보고 혈육에 상응하는 완전히 새로운 관계 맺기 방식을 만들어내고 싶어했다.

스필러스는 이렇게 적는다. "아프리카계 미국인들이 포획된 상태에서 만들어낸 지원 시스템을 우리가 '가족'이라고 부를지 다른 명칭으로 부를지 결정하는 것은 지극히 하찮은 문제로 보인다." 스필러스에게 관건은 "역사상의 디아스포라에서 아프리카 민족들이 최소한 서구의 '핵가족'만큼이나 복잡한" 돌봄 양식을 가동할 수 있다는 사실이 "몹시도 분명"하다는 점을 감안하면 "이들은 그 무엇도 증명할 필요가 없다"는 점이다. 스필러스는 "가족"을 척도로 삼거나 염원하기보다는 흑인 여성들이 노예제의 여파로 "여성이라는 젠더의 전통적인 상징 **바깥**에" 우뚝 서게 된 사실에, 이 사실이 정치 투쟁에 어떤 의미를 갖는지에 주목한다. "우리가 할 일은 이 색다른 사회적 주체가 설 자리를 만드는 것이다." 가족이라고 부를 수도 있고, 아닐 수도 있는 그런 자리를. 그래서 "니그로 가족"에 대한 프레이저의 (스필러스가 신랄하게 쏘아붙이듯) "착한 수정주의적 역사"가 아이러니하게도 모이니한의 그것과 상당히 유사한 반면(둘 모두 "모계 중심성"은 가당찮다는 데 동의한다) 스필러스는 두 선택지를 모두 버리고, 미국 생활의 기존 "문법"이 특히 흑인 여성의 역할을 이해하는 데 부적합함을 주장한다. "우리는 젠더화된 여성성의 대열에 가담하는 데보다는 여성적 사회 주체로서 **반란**의 지분을 획득하는 데 더 관심이 있다"면서.

　　스필러스의 텍스트는 가족 폐지론으로 독해할 수 있는데, 2018년 퀴어 및 젠더 연구자 티파니 레타보 킹이 실제로 그렇게 독해하여 깊은 인상을 남겼다.[2] 하지만 킹은 〈엄마는 알겠는데, 아빠는 글쎄〉를 제외하면, 모이니한 보고서에 대한 흑인 학계 및 페미니스트의 반응이 거기까지 거의 나아가지도 못함을 지적한다. "(그들은) 가족 개념 자체의 가능성을 따져보지도 않는다." 그보다는 "확대된", "확장된", "혈연과 무관한", "퀴어적인", "세대를 넘나드는" 대안을 옹호하는 주장이 전형적으로 펼쳐진다. 킹이 보기에 이런 "변형되고 수정된 가족"의 문제는 "여전히 자유인본주의적인 자손the filial 개념을 고수"한다는 데 있다.[3] 요컨대 노예제에 의해 젠더 구분이 뭉개지지 **않았던** 자유주의적 인간 "주체"로 회귀하는 바람에 1980년대에 스필러가 백인 미국문화의 기초(그 인종적/젠더상의 **문법**)라고 폭로한 혈연의 정의(**재산관계로서의 혈연**)에서 별로 멀어지지 못했다는 것이다.

흑인 모성이라는 명제는, 흑인 모성을 짓밟고 폄하하는 죽음의 정치necropolitical 세력에 맞서 그것을 옹호하고자 하는 우리 같은 사람들에게는 기념할 만한, 심지어 황홀경을 일으키는 퀴어-유토피아 이론 작업을 고무시킨다. 결과적으로 우리는 흑인 가족 내에서 (어느 젠더든) 어머니가 자행할 수 있는 가부장적이고 독점적인 폭력에 이의를 제기할 여지, 또는 기념할 만한 모델이 이 어머니들에게 가하는 폭력에 주목할 여지를 두지 않을 때가 많다. 2016년에 검스, 마르텐스, 그리고 윌리엄스가 공동 편집한 선집《혁명적 모성수행Revolutionary Mothering》—이 책은 캐럴 스택Carol Stack의 중대한 민족지연구《모두가 우리의 친족All Our Kin》(1974)[4]을 연상케 하는, 확장된-흑인-혈연 영역을 퀴어화하고자 한다—은 저평가된 모성을 퀴어 환희의 언어로 재평가하려는 시도와, 모성**수행**은 혁명적이지만 **모성**은 역사의 뒤안길로 사라져야 하는 것 중 하나라는 생각을 집적대는 태도 사이에서 오락가락한다. 최근에 나는 킹의 관점을 염두에 두고 이 선집을 다시 읽다가 이 아름다운 갈팡질팡의 그늘 속에서—그늘**로서**—인간 조직의 한 형태로 본질화된 가족이 얼마나 끈덕지게 이어지는지를 곱씹었다. 나는《혁명적 모성수행》에 깊은 감사를 느낀다. 그건 내 인생을 바꿔놓았으니까. 내 몇몇 학생들의 인생도. 그런데 최근 들어서 나는 우리가 더 멀리 나아갈 수는 없는 걸까 생각 중이다.

섹슈얼리티 연구자 제니퍼 내시도 그런 듯하다. 내시는 최근 《혁명적 모성수행》에 대한 리뷰를 비롯한 글들에서 흑인 모성이라는 주제를 집중적으로 비판했다. 내시는 조심스럽게 털어놓는다. "흑인 페미니스트 학자로서 나는 흑인 모성이 급진적이고 혁명적이라는, 영적이고 변화의 힘을 가지고 있다는 재현에 유혹을 느끼는 동시에 회의적이다."[5] 오늘날의 선지자 알렉시스 폴린 검스Alexis Pauline Gumbs는 (퀴어성을 "펑크, 남자 같은 레즈비언, 복지 여왕"에 고착시켜 폄하하려는 행태에 저항할 것을 제안했던) 앞선 퀴어연구의 거장 캐시 코언Cathy Cohen이 놓은 탄탄한 토대 위에 "흑인 모성수행은 퀴어적"[6]이라는 지식을 쌓아 올린다. 하지만 복지 긴축과 감옥을 분석 틀 중심에 놓더라도 우리가 "퀴어", "흑인", "재생산 정의"라는 이름하에 구성하는 담론들이 퀴어적인 흑인 모성수행 환경이나 퀴어적인 흑인 어머니들 스스로가 떠받치고 있을지 모르는 억압구조를 규명하는 데 도움이 될지는 모르겠다.

혁명가라면 모름지기 **내부의** 도전을 반갑게 여기고 마음껏 그런 도전을 할 수 있는 분위기를 만들어야 한다. 가령 관계 문제에 대해 자기 생각이 있는 아이들이나, 자신의 모성수행(또는 모성수행의 거부)이 아직 혁명적인 수준에 이르지 못했다고 느끼는 여성으로부터의 도전 같은. 우리는 계급, 돌봄 책임, 젠더 불일치, 트랜스성에 의해 "퀴어적인 흑인 모성수행"의 범주에 들어가지만 그러한 수행을 증오하고, 다른 무언가를 갈망하며, 로맨스에서 자신을 발견하지 못하는 성인 여성, 논바이너리, 남성의 이야기에 귀 기울여야 한다. 긴장을 늦추지 말고 질문해야 한다. "퀴어"는 언제 사유재산에 아무런 도전이 되지 못하는가? 우리는 무슨 **목적**으로 모성을 퀴어화하는가? (킹이 우리에게 과감하게 질문하듯) 무슨 목적으로 흑인 가모장이라는 퀴어적인 인물의 명예를 회복하고 추켜세우는가? 흑인 가모장의 명예를 회복하지 않으면 우리 정치에 무슨 일이 벌어지길래? 나는 킹의 핵심 주장은 흑인 모성수행자들을 단순히 "모성"을 근거로 가치를 인정하는 것은 다른 정체성의 가능성을 배제하고, 어떤 식으로든 이런 구제에 별 관심이 없는 주체들을 소외시킬 위험이 있다는 것으로 이해한다. 문제는 우리가 퀴어적인 흑인 여성 주체가 생산적이지 않고 **파괴적**이라 해도 기꺼이 지지할 의지가 있느냐는 것이다. 만약 그렇다면 우리는 어떻게 모성 위주의 구제보다 더 흥미로운 방향으로 나아가는 길을 찾을 수 있을까? 가족 이후의, 모성을 넘어선 집단적 주체 지위로 나아가는 길 말이다.

〈엄마는 알겠는데, 아빠는 글쎄〉가 나오고 10년 뒤인 1982년, 영국 페미니스트이자 비판적인 인종이론가 헤이즐 커비가 〈백인 여성이여 들어라!White Woman Listen!〉라는 아주 색다르고 획기적인 중재안을 발표했다. 스필러스가 가족을 구제 불능이라고 판단했다면 커비의 표적은 여성운동의 가족에 대한 경직된 적개심이었다. 커비는 많은 흑인 페미니스트들이 "우리에게 가족이 억압의 근원일 수 있음을 부정하지 않을 것"이라고 말하면서도 동시에 백인 페미니스트들이 가족을 억압의 현장으로 지나치게 강조하는 걸 못마땅하게 여긴다고 썼다. "흑인 가족은 인종주의에 대항하는 정치적·문화적 저항의 현장이었다"고 커비는 강조했다.[7] 물론 사실이다. 가족이 **저항적인** 민족적·공동체적 정체성과 기쁨, (무엇보다) 생존의 방편으로 제공하는 모든 것을 제대로 평가하지 않고서는 가족 폐지론을 말할 수 없다. 우리는 누구의 가족을 폐지하려 하는가, 하는 질문을 직시해야 한다. 그런데 그 대답은 우리 예상과 다를 수도 있다.

우리 가족부터요, 제발!이라는 대답이 나올 수도 있는 것이다. 가령 티파니 레타보 킹은 "흑인 내부의 현재진행형 삶에 대한 자신의 헌신"(흑인 내부적인/집 안에서의 삶)이 "자신의 확장된 흑인 디아스포라 가족" 안에 살아 있다고 말한다.

> 나는 자체적인 폭력을 해결하고 그 너른 품을 열망하는 모든 사람을 계속해서 불러들이기 위해 끊임없이 새로운 형태를 취해야 하는, 그리고 결국에는 완전히 철폐되어야 하는 형태 안에서 더없이 행복하게, 때로는 불편하게 지내지만, 그것을 "넘어서야" 할지 모른다. 나는 가족을 비판하고 그 한계를, 심지어는 그 폐지를 설파하는 일에 전념하면서도 노예공동체의 흑인 후손들이 관계를 재발명하고 개념화하는 창의적인 방식을 예찬한다. 흑인들의 이런 노력을 위해 나는 항상 전력을 다할 것이다.[8]

자신의 흑인 가족을 사랑하면서도 가족 제
도가 역사적으로 "인본주의의 폭력적인 형태"라는 범
주로 출현했음을 이해하는 건 충분히 가능한 일이다.[9]
어쩌면 바로 이 사랑 때문에 (티파니 레타보 킹이 그렇듯)
가족이라는 형태에 맞서 싸우고 싶은 건지도 모른다.
가족은 "흑인의 사회성을 집어삼킬 위험이 있는 폭력
과 인간성 말살의 현장"이니까.[10]

　　따라서 가족 "개혁" 또는 "확대"와 가족 폐지
사이의 논쟁은 (1982년에 바렛과 매킨토시가 말했듯이) "단
순한 말꼬리 잡기가 아니다." 나는 이들에게 동의한다.
당장 우리가 모든 대답을 알지 못할 수도 있지만, 궁극
적으로는 "우리가 강화하고자 하는 긍정적인 이상과
만족이 가족**으로부터** 샘솟은 건지 아니면 가족이라는
상황 속에서도 살아남은 건지를 판단하는 게 중요할
것이다."[11]

　　이 모든 게 난이도 최상의 정치 영역이다. 만
약 가족이 결합되어 있지만 불균등한 번영의 형식이
자, 결합되어 있지만 불균등한 폭력의 기제여서 일부
에게만 권력을 집중시키고 일부는 그것을 거부당한다
면, 가족이라는 문제의 규모에 맞춰서 "안전하게" 선

택할 수 있는 요구 전략이 존재한다고 상상하는 건 멍청한 짓이다. 한 가지 방법은, 우리가 가족 폐지를 이야기할 때 백인, 이성애, 가부장, 식민주의적 핵가족을 말하는 거라고 구구절절 덧붙이는 것이다. 이는 더 안전하게 느껴질 수 있지만 실은 모든 비백인, 혼종, 게이, 선주민 가정의 정치적 성격을 낭만화하거나 용인하는 한편, 대다수 사람들에게 적용될 가족 폐지의 필요를 등한시하고 이들을 가족 폐지의 정치에서 배제할 더 큰 위험이 있을지 모를 일이다!

또 다른 방법은 완전히 강경한 입장을 고수하면서 여러 역사적인 이유로 이 가족, 즉 **강요된 제도로서의 가족**the family 말고는 다른 어떤 가족도 존재하지 않는다고 말하는 것이다. 비백인 가정이 지구에서 대다수를 차지하는 건 분명하다. 이성애자가 아니고, 심지어 타고난 성과 성정체성이 일치하지 않고, 식민지 정착 프로그램의 일부가 아닌 가족도 많다. 하지만 백인성, 제국, 이성애가 제도로서의 가족과 많은 부분 관련되어 있다 해도, 가족의 가장 근원적인 특징은 (케이시 윅스가 주장하듯이[12]) 돌봄을 사적인 영역에 가둔다는 것이다. 이 인클로저 과정에는 모든 종류의 가족이 의도치 않게 참여한다. 만약 우리가 두 번째 방법을 선택한다면 백인도, 이성애자도, 부르주아도, 식민자도 아닌 사람들이 아무리 가족을 열망하고, 신화화하고, 높이 평가하고, 거기에 구체적인 형태를 입힌다 해도 가족은 폐지되어야 마땅하다. 이쯤에서 감이 오겠지만 나는 두 번째 방법이 옳다고 생각하는 쪽이다. 이 지구상에서 "혈연성kinfulness"은 평등이나 정의와는 아무 관련 없이 분배된다. 백인, 이성애자, 부르주아들이 가족 폐지를 용기 있게 감행한 다른 모든 사람의 성과를 나눠 갖는 건 어처구니없는 일이지만, 이 사유화 수단인 가족을 집단적으로 놓아버려야만 우리 종은 진정으로 번영을 누릴 수 있을 것이다.

지금은 가족을 국가의 박해와 시장의 억압에서 상대적으로 안전한 요새로, 피억압자들의 문화적 관습과 언어와 전통을 배양하는 장소로 칭송하는 것이 거의 모든 공동체에서 표준이다. 하지만 이건 가족을 유지해야 할 충분한 이유가 되지 못한다. 실망스럽게도 헤이즐 커비는 인종적·경제적·가부장적 억압을 받는 많은 이들이 당당하고 열렬하게 가족에 매달린다는 사실을 강조했다. 자신의 백인 자매들을 위해서였다. 커비가 틀린 말을 한 건 아니다. 그렇지만 케이시 웍스가 말하듯 "핵가족 모델은 피억압 집단을 국가와 사회, 자본으로부터 지키는 울타리 역할을 하기도 했지만, 동시에 국가와 사회와 자본이 과거의 노예, 선주민, 밀려 들어오는 이민자, 그 빈약한 보호막이 필요하지만 동시에 그 유산과 처방 때문에 주변화된 모든 사람에게 강요한 **바로 그** 백인, 식민 정착자, 부르주아, 이성애, 가부장적 제도이기도 하다."[13](강조는 저자) 가족은 사람들이 전쟁에서 살아남기 위해 퍽 당연하게 부여잡는 방패막이다. 우리가 그 방패막이를 내려놓는 데 동의하지 못한다면, 아마 이 전쟁이 영원히 지속되어서는 안 된다는 사실을 망각해버린 건지도 모른다.

1993년 폴 길로이가 〈그건 가족 일이야It's A Family Affair〉라는 에세이에서 "이러한 정치의 가족 만들기 담론 가운데 최고인 것조차 여전히 문제적"이라고 말한 까닭이 여기에 있다.[14] 길로이는 미국처럼 영국에서도 국가가 흑인 가정을 계속해서 무시하고 흑인 가정의 경계를 침범할 뿐 아니라 과도하게 많은 흑인 아이들을 위탁돌봄 산업으로 몰아넣은 탓에 이에 대한 반발로 당연하게도 반인종주의 정치가 흑인 가정을 옹호하는 "가족 만들기familization" 담론을 고취시키는 현실에 주목한다. 영국과 미국의 "결손" 가정이라는 지옥(그런 다음 이색적으로 낭만화되어 온갖 역경을 딛고 창의적으로 번성한다고 간주되는)은 그 존재만으로도 가족 제도의 정당성에 집요한 위협 요소였다고 길로이는 주장한다. 역설적이게도 "결손 가정"의 잔재는 백인 가정이 스스로를 완전한 상태로 상상하게 해주는 문화, 영감, (그리고 종종) 대리돌봄노동을 제공함으로써 부르주아 체제를 **지탱하는** 역할도 한다. 길로이는 에세이를 마무리하면서 "나는 두 방식 모두를 원한다"고 말한다. "나는 우리가 되찾을 수 있는 것의 가치를 높이 평가하면서도, 가족이 우리가 문화 안에서 발견할 수 있는 유일한 정치적 힘의 상징, 그리고 그 힘이 작동하는 모습을 볼 수 있는 유일한 대상일 때 뒤따르는 재앙 수준의 결과들 역시 알리고 싶다. 여러 가지 다른 가능성이 존재한다는 사실을 잊지 말자."[15]

분명 다른 가능성들이 있다! 희망의 단초는 토니 케이드 밤버라Toni Cade Bambara의 선집 《흑인 여성The Black Woman》에서 찾을 수 있다. 이 책은 미 노동부 장관의 "모이니한 보고서",《니그로 가족The Negro Family》이 나온 지 얼마 안 된 1970년에 미국에서 출간되었다. 흑인 가모장에 대한 날 선 공격이 절정에 달한 시기였다. 분명 이 선집에 글을 실은 모든 페미니스트가 사회적인 반모성 정서(모성혐오)와 그중에서도 특히 흑인 여성에 대한 혐오(흑인여성혐오)에 맞서 맹렬히 반격하면서도 거기서 한 발 더 나아가 자신들이 속한 흑인 공동체 내부의 가족주의를 비판하지는 않는다. 하지만 한두 사람은 가족이 흑인(집단적인 인간)해방의 일부일 수 있다는 생각을 단호히 거부한다. 케이 린제이는 자신의 글 〈여성으로서의 흑인 여성The Black Woman as a Woman〉에서 이런 분석을 내놓는다. "가족을 제외한 모든 백인 제도가 파괴된다면 국가도 다시 일어설 수 있지만 백인 국가보다는 흑인 국가가 될 것이다."[16] 다시 말해서, 가부장적 국가를 확실히 파괴하는 방법은 가족 제도를 파괴하는 것뿐이다. 1980년 페미니스트 여성건강센터 대표 팻 파커Pat Parker는 캘리포니아 오클랜드에서 열린 〈이제 됐어! 제국주의와 제3세계 전쟁에 대한 여성컨퍼런스〉 연설에서 린제이의 주장을 따라 "진정 파괴해야 한다"고 외친다. 파커는 여러 조직 중에서도 흑인여성혁명의회의 이름으로 연설했는데, (제국주의, KKK, 운동 조직 등을 다룬) 광범위한 연설문은 의도적으로 가족 이야기로 마무리된다. "여성이 핵가족 구조에 묶여 있는 한 우리는 혁명을 향해 효과적으로 나아가지 못한다. 여성이 나아가지 못하면 혁명은 일어나지 않을 것이다."[17] 그는 특히 중상 계급 여성과 함께 좌파가 "핵가족에 대한 시들지 않는 충성심을 … 포기해야 한다"고 일갈한다. 가족은 "자본주의의 기본 단위이며, 우리가 혁명을 향해 나아가려면 파괴되어야 한다."

그로부터 40년 뒤, 영국 작가 롤라 올루페미 등은 우리에게 다른 가능성들이 있음을 상기시킨다. 올루페미는 트위터에 이렇게 썼다. "가족 폐지, 그건 가벼운 일이다. 수십 년 동안 흑인 연구/흑인 페미니즘의 핵심 주제였는데 당신들은 엥겔스가 그 말을 했니 안 했니를 놓고 옳는 소리를 하고 있다."[18] 올루페미에게는 (파커와 린제이에게 그랬듯) 결혼, 사유재산, 백인우월주의, 자본주의를 철폐하는 것이 서로 분리 불가능한 프로젝트다. 이런 목소리를 내는 게 올루페미만은 아니다. "흑인성"의 이론과 역사를 연구하는 영국 학자 애니 올라로쿠-테리바는 올루페미가 기름진 흑인 가족 폐지론 전통이라고 이름 붙인 것을 지지하는 또 다른 동시대 학자다. 2021년 올라로쿠-테리바는 자신의 반가부장적 사회주의의 핵심 목표인 "가족 관계"[19]의 전복에 대한 열정을 담은 스레드를 공개해 일부 팔로워들에게 놀라움과 불안을 안겼다. 이 포스트들은 가부장적 가정에 대한 오늘날의 이론 작업에서 놀랍게도 아이들이 누락되어 있음을 지적하고, "(흑인) 남자아이들에게 폭력적인 방식으로 남성성을 훈련시키는" 어머니들을 **가부장적**이라고 부르기를 꺼리는 급진주의자들의 태도를 비판한다. 그는 "성인/아동의 관계는 '남성'/'여성'만큼이나 가부장제에 핵심적"이라고 못 박는다. "여성에 의한 남자아이 지배는 가부장적 권력을 드러내는 아주 틀에 박히고 막강한 표현이다"라고. 이런 관찰은 지평을 다시 열고 있다. (모든 젠더의) 흑인 돌봄 제공자가 흑인 아이의 인생에서 가족이 없는 상황을 두려워하지 않는다는 건 어떤 의미일까? 흑인 가족이 **필요**하지 않다는 건 어떤 의미일까?

다음 장에서는 두 타래가 얽힌 가족 폐지론의 복잡한 역사를 빠르게 훑을 것이다(운동 스스로가 가족 폐지론을 공개적으로 천명한 경우도 있고, 내가 그렇게 해석한 운동도 있다). 한편에서 우리는 에로틱한 마을 계획, 주방이 없는 주택 건축 양식, 국가가 전적으로 책임지는 육아, 체외발생ectogenesis, 아동의 정치적 해방, 게이 해방, 가사노동에서 해방된 즐거움, 급진적인 복지운동을 꿈꾼 사람들을 보게 될 것이다. 다른 한편에는 존재감을 지우고, 출산을 거부하거나, 몰래 아이를 낳고, 결혼을 회피하고, 유대관계를 유지하고, 조상들을 기억하고, 사람들에게 얽매이지 않는 이들이 있었다. 또 한편으로는 국가의 제재를 받는 혈연 매트릭스 내부로부터 여성의 파업, 레즈비언의 양육권 투쟁, 무료 학교, 공동체, 남성 육아 모임 같은 대항-사회적인 재생산 실험을 이어가며 그 속박에서 벗어나고자 한 불균등하고 제대로 조직되지 않은 운동도 있었다. 이와 비슷하게 다른 한편으로는 가족 재산 체제를 강요하는 일련의 시도에서 살아남을 수 있는 방법 ─ 때로 "언더커먼스the undercommons"[20]라고 불리기도 했던 도망노예들의 공동체 ─에 도달한 사람들도 있었다.

가족 폐지론의
간략한 역사

"우리는 이미 가족 바깥에 있다."

– 게이해방전선 선언문[1]

가족 폐지론은 절대 지속적인 캠페인도, 의식적으로 연합을 추구한 캠페인도 아니었지만, 사람들은 적어도 2000년 동안 가족의 대안이 필요하다는 주장을 펼쳤고 때로는 실제로 그 대안을 만들었다. 소크라테스는 《국가론》 제5권에서 가족이 부당한 건 명명백백하므로 가족은 폐지되어 마땅하다는 결론을 내린다. (현대의 한 정치철학자가 건조하게 표현한 바에 따르면 "가족은 공정한 분배 패턴을, 그중에서도 특히 기회의 평등을 어지럽힌다."[2]) 가족을 폐지해야 하는가 유지해야 하는가는 대학 2학년생들에게 내주는 플라톤에 대한 과제 질문에 그치지 않는다. 이는 철학에서 매우 고전적인 논쟁 주제 중 하나로, 오늘날까지 법학 저널에서 진지하게 다뤄진다.[3]

하지만 추상적인 이론화가 끝이 아니었다. 지난 200년 동안 다양한 종류의 투사와 급진주의자들이 프랑스 북부, 점령 팔레스타인, 정착민들에게 식민화된 시카고 등에서 가족 폐지 실험을 감행했고, 이에 대한 선언문을 써내려갔다. 이 장에서는 유럽과 미국에 중점을 두고, 법적 지위에 대한 논문이 아니라 실제로 있었고 투쟁을 벌였던 여러 형태와 비전의 가족 폐지론을 어쩔 수 없이 선택적으로 맛보여주듯 소개할 것이다.

샤를 푸리에

프랑스의 비단상이었던 샤를 푸리에는 "페미니즘"이라는 단어를 만들어냈을 뿐만 아니라 "유토피아"가 종종 레모네이드 바다와 연결되는 이유를 제공한 인물이다(초기적인 기후생태학자이자 지구공학자였던 푸리에는 정말로 이런 예측을 했다). 더 중요한 것은 푸리에가 단일 가족 주거는 전 세계 여성의 지위 향상을 가로막는 핵심 장애물 중 하나라고 지목한 인물이라는 사실이다. 이 근본적인 통찰력은 유토피아적인 토지 프로젝트 같은 국제운동에 영감을 주었는데, 여기에는 이른바 "주방 없는" 도시—개방된 공유 주방과 훌륭한 무료 식당이 갖춰진 근린—를 지지하여 사적 주방이라는 여성 억압적인 규범을 폐지하고자 했던 이들이 포함된다.[4] 이런 건 말할 나위 없이 합리적이지만, 푸리에의 아이디어 중에는 괴상한 것도 많았다. 가령 그는 숫자 10과 빵(페이스트리에는 찬성했다)에 반대했고, 상어와 사자가 진화적으로 "반反-상어"와 "반-사자"로 대체될 거라고 예측했다. 도미닉 펫맨Dominic Pettman의 설명처럼 푸리에는 어째서 "우리가 최악의 세상에 살고 있지만 이 시나리오를 뒤집을 날이 단 몇 달밖에 남지 않았는지"에 대해 복잡한 물리적 설명을 늘어놓기도 했다.[5]

　　푸리에는 분명 많은 잘못을 저질렀다. 무엇보다도 그는 부의 불평등 철폐에 대해 전혀 확신을 표현하지 않았던 인종주의적 식민주의자였다. 하지만 다른 한편으로는 마르크스와 프로이트보다 훨씬 앞서 인간 소외와 억압에 대한 강력한 이론을 발전시킨 인물이었다. 푸리에는 가족을 시장 지배와 "문명"

의 주춧돌이라 몰아세움으로써 숱한 이들이 (한 전기 작가의 표현에 따르면) "우리 삶의 숨은 가능성들, 버려진 기회들, 모순들"을 알아차리는 데 도움을 주었다.[6] 푸리에주의 운동은 1840년대부터 다자연애관과 반노동관에 입각한 국제적 공동체를 아메리카와 유럽 전역에 세웠다.[7] 어떤 기준을 들이대면 푸리에주의는 분명 실패했다. 이 모든 공동체가 유야무야되거나, 국가의 탄압에 무너지거나, 고약한 내부 문제가 터졌다는 점에서 말이다. 하지만 다른 기준에서 본다면 속단하기엔 이르다고 할 수 있다.

프랑스 북부의 소부르주아 가정에서 태어난 푸리에는 열여덟 살쯤에 프랑스 혁명을 겪었다. 이 중요한 역사적 격변에 감화된 그는 건축공학자가 되겠다는 계획을 버리고 대신 미래의 설계도를 그리는 작업에 몰두했다. 그는 낮에는 상인으로 일하면서 밤에 글을 썼고, 자신이 "문명화되었다"고 명명한 모든 것(주로 노동과 부르주아 문화, 즉 위선과 사유재산과 시장)을 강렬히 증오하게 되었다. 60대에 세상을 떠나기 전까지 자본주의 이후의 인간 사회에 대해 좀스러울 정도로 꼼꼼한 계획을 펼쳐 보이는 여러 편의 소책자—주요하게는 〈새로운 사랑의 세계The New Amorous World〉와 〈네 가지 운동 이론The Theory of the Four Movement〉—를 출간했는데, 그가 제시한 자본주의 이후 사회의 본질적인 특징들은 지금도 많은 이들에게 상당한 호소력을 갖는다. 푸리에는 정확히 뭐라고 처방했을까? 여러 가지가 있지만 그중에는 보편기본소득, 시장에서 벗어나기, 비일처일부제, 훌륭한 음식, 모든 세대를 위한 다채로운 오락 같은 것이 있다. 모든 생활은 "팔랑지" 또는 "팔랑스테르"라고 하는 거대한 건물(1600명을 수용할 수 있다) 안에서 공동체적으로 이루어진다.[8] 날씨가 안 좋을 때를 대비해 지붕 덮인 보행로가 있고, 최저선의 성적 쾌락이 보장된다. 모든 노동에서 사적인 성격은 완전히 사라진다(일은 모든 아동과 성인이 골고루 나눠 하며, 인간 성격에 확립된 "열정의 끌림 법칙"에 따라 조직된다). 이에 따라 노동은 리비도적인 예술 또는 흥겨운 놀이로 탈바꿈한다. 세심한 안목으로 조직된 정기적인 섹스 파티는 특별한 "요정들"이 주재한다.

푸리에의 강박적인 계획은 유럽에 유토피아를 건설하기 위한 최초의 상세한 청사진이 된다.

이 유토피아는 (매켄지 워크McKenzie Wark의 표현을 인용하면) 폴 프레시아도Paul Preciado의 자본주의에 대한 생약학포르노적pharmacopornographic 설명을 내다본 일종의 "시스템 이론 포르노"[9]를 통해 발전한 "여성, 노인, 변태들을 위한 사랑의 질서"다. 푸리에는 곧올 이 세상에 "하모니"라는 별칭을 붙였고, 과학이 하모니안의 행복에 핵심임을 보여준 달달한 화합과 맵싸한 불화의 혼합물을 프로그램으로 만드는 데 지나치게 많은 양의 계산과 도표 작업이 개입되었다. 에휴, 푸리에가 정치경제학에 별로 탁월하지는 않았지만 젠더, 생태학, 부르주아 도덕성, 결혼에 대한 분석은 19~20세기에 오웬, 베벨, 마르크스, 엥겔스, 크로포트킨, 레닌에서부터 발터 벤야민, 앙드레 브르통, 데이비드 하비, 워크와 오브라이언 같은 현대의 성 급진주의자들 같은 반체제 사상가들에게 마땅히 진지한 평가를 받았다. "그의 정신이 개념의 지하수로 유입되었다"라는 말도 나왔다.[10] 가장 인상적인 점은 푸리에가 인간은 "심지어 여성이라는 성에 아첨을 늘어놓음으로써 그것을 모독한다"는 사실을 이해했다는 것이다.[11] 여성의 성적 자유에 완전히 헌신했던 그는 퀴어라는 **표현이 생기기도 전에** 홍청대는 원형적인 퀴어 이론을 제시했다. 그러므로 초기의 페미니즘은 가족 폐지, 퀴어섹스, 사회주의적 유토피아주의와 떼어놓을 수 없다. 반갑지 않은가? **팔랑스테르 만세!**

퀴어적인 선주민과
도망노예의 19세기

이 시점에서 대체로 식민지 이전의 선주민들—가령 아프리카와 북아메리카에서—이 사유재산에 결부된 형태로서의 근대적인 가족을 발전시키지 않았다는 사실을 언급할 필요가 있다. 그런 가족은 이들을 자본주의에 길들이는 과정의 일환으로 강제되었다.[12] 남북아메리카 전역의 선주민들 사이에서 백인에 동화된 삶의 양식이 어느 정도 주류로 자리 잡은 것은 분명 사실이긴 하지만(이는 이들의 관점에서는 지난 400년 동안 이어진 재난과 상관관계를 가진 요소다), 가족 만들기 familialization는 "역사적"일 뿐만 아니라 현재진행형인 식민화 과정이다. "비판적인 다자연애주의자"이자 시스턴 와페턴 오야테Sisseton Wahpeton Oyate* 학자 킴 톨베어Kim TallBear는 선주민의 경험에 대해 이렇게 말한다. "가족에 대한 식민적인 관념은 우리를 평가하는 규범적인 기준을 나타내면서 우리에게 계속해서 간악한 낙인을 찍는다."[13] 가령 18세기 영국 식민통치자들은 체로키 같은 선주민들 사이에서 작동하던, 여성의 정치적 평등에 관련된 성평등 시스템(그들 눈에는 "페티코트 정부"[14])을 무너뜨리기 위해 노골적으로 갖은 애를 썼다. 19세기 미국과 캐나다 연방정부는 젠더-비이원론, 비일처일부제, 처가에서 거주하는 개방결혼을 포용하는 부족의 집단 소유 모델을 해체하기 위한 방편으로서 결혼을 요구하는 인디언 정책을 실시했다. 이 정책은 사유재산을 도입하고 이를 "가장", 즉 남편의 손에 모두 몰아주었다.[15] 이런 의미에서 우리는 가족 폐지—부르주아 사회에 대한 저항이자 그로부터의 탈주 프로젝트, 그리고 식민화에 맞서는 **대비책**으로서—가 강탈당하고, 납치당하고, 식민통치에 의해 터전을 잃고, 노예로 전락했던 사람들의 실천을 통해 열

●   [옮긴이주] 사우스다코타주 북동부 지역의 선주민 부족.

린 지평이라고 말할 수 있다. 미국은 그들을 사유재산, 세속화된 기독교 일처일부제, 결혼에 기반한 사적인 핵가족 등 시민권의 제도 및 양식을 통해 동화시키고자 했지만, 그들은 이에 저항했다.

펜실베이니아 칼라일에 있는 나의 집에서 서쪽을 향해 차로 몇 시간 가면 나타나는 소위 "인디언 공동묘지"에는 아주 어린 선주민 전쟁포로 200명의 유골이 있다. 미국 식민지 정착민들이 부족민들로부터 강탈해 칼라일인디언산업학교(1879~1918)에 수감시킨 아이들이다. 칼라일에서는 선주민 아이들이 앨리스 플레처Alice C. Fletcher 같은 문명의 선도자이자 인류학자이며 모성을 가진 상냥한 학살자들에게 교육 받았고, 그럼으로써 (톨베어의 표현에 따르면) "정착민 섹슈얼리티"를 주입당했다. 1879년부터 1900년까지 인디언사무국은 보호구역 바깥에 24개 학교를 열었고, 선주민 아이들 4분의 3이 보호구역 안팎의 기숙학교에 등록하는 결과를 이끌었다. 이 시기 군대 기록은 이런 식으로 가장 어린 부족 구성원들을 인질로 억류하는 것이 장성한 선주민 전사들이 무기를 들고 반격하지 못하게 막는 확실한 전략("그들 스스로 처신하게 만든다")이자 공동체적 유대감을 단절시킴으로써 근대적인 가족 제도를 강요하는 방편임을 보여준다. 미국 정부의 인디언 학교 정책은 직접적인 살육에서 부족의 유대 및 존재 양식의 파괴로 옮겨 감으로써 식민지 정착 과정의 전환점이 되었다. 이를 계기로 "좋은 인디언은 죽은 인디언뿐"이라는 군대식 표현이 위세를 떨치던 시기에서 "인디언은 죽이고, 인간은 살려라"—이는 칼라일인디언산업학교 설립자이자 인간의 정체성을 오이디푸스 틀에 다시 짜 맞추고자 했던 리처드 헨리 프랫Richard Henry Pratt의 새롭고 개혁적인 모토였다—시대로 넘어가게 된다. 인질로 잡힌 아이들의 혈족과 살아 있는 선조들이 그들을 되찾아오고, 새로운 집단학살 법안에 맞서고, 학교가 죽음의 교육기관이라는 인식을 높이고, 이후 아이들의 적절한 매장과 추모를 보장하기 위해 벌인 시도는 1879년 이후에도 멈추지 않았다.

　가령 1803년에 "이로쿼이식 교회당"이라 불리는 것을 촉발한 세네카[북미 선주민 중 한 부족] 지도자 핸섬 레이크Handsome Lake 같은 일부 선주민 외교관과 철학자들은 기독교 도덕과 가부장제의 위력적인 집행

자가 되기도 했다.[16] 하지만 특히 식민화 이전까지만
해도(때로는 지금까지도 꾸준히) 선주민 부족들 대부분
은 가부장제 형식을 거의 또는 전혀 따르지 않았다. 그
들은 아이들을 공동으로 양육했고, 두 가지 이상의 젠
더를 존중했으며, 성적 쾌락에 대해서는 느슨한 사회
적 제한만을 두었고, 때로는 (수유 같은) 모성수행을 모
든 젠더를 포괄하는 외교적으로 중요한 행위로 개념
화했다.[17] 아메리카 선주민들의 투스피릿two-spirit● 젠
더 주체성과 철학적 전통, 성적 자유에 대한 문화는 이
원적인 젠더 구분에 반감을 가진 정착민들에게 4세기
동안 영감과 배움을 제공했다. 1960년대와 1970년대
에는 게이해방운동 공동체 전체가 선주민들의 "퀴어
성"을 모방하려고 애쓰기도 했다. 나바호 작가 루 코
넘Lou Cornum은 2019년 유토피아주의적인 게이와 레
즈비언이 선주민의 풍습과 상호 작용하고 그것을 전
유하던 역사에 대한 에세이 〈부족을 욕망하며Desiring
the Tribe〉에서 "선주민의 삶과 게이의 풍습 사이에는

● [옮긴이주] 스스로 남성 정체성과 여성 정체성 모두를 가
지고 있다고 인식하는 사람을 말한다.

희미하게 빛나는 상호 연결성이 있었다"고 요약한다. 코넘은 이 빛남을 단순히 "욕지기난다"고 비난하지 않고 그 안에서 가능성을 찾고 21세기에 "공산주의 사상만큼 커다란 렌즈가 이 가물거리는 빛을 전향적으로 이끌지" 모른다고 생각한다.[18] 코넘처럼 나는 선주민과 비선주민 공산주의자들이 오늘날 함께 손 맞잡고 이 혈연 말소와 재창조의 유산을 집단 차원에서 평가하고, **탈식민주의를 위한 실천으로서 가족 폐지**라는 공통의 언어를 발전시키기를 희망한다.

　　　노예를 재산으로 여기던 미국에서 새롭게 해방된 사람들 역시 사유재산지상주의와 대비되는 혼종적인 혈연관계를 추구했다. 남북전쟁 전에는 아프리카 공동체에서 납치당해 (또는 납치당한 이들에게서 태어나) 중간 항로를 거쳐 대서양을 지나 이송된 억류 노동자들 사이에 로맨틱하고 성적인 비밀 규약들이 다양하게 개발되었다.[19] 신세계의 지배 개척자로서 노예주들은 상속 가능한 재산을 축적하기 위해 검약, 근면, 생물학적으로 생산적이며 평생에 걸친 일처일부 결혼생활이라는 인간적 ─ 그러니까 백인의 ─ 가치를 모범으로 여긴다면서도, 노예들을 조직적으로 (혼외관계에서) 강간하고 (일종의 축첩 관계에서) 임신시켰다. 한편 이들이 인공적으로 "가족 없는" 상태로 만든 사람들에게는 때로 자기들 사이에서 대항-가족성, 연대, 교분의 형태들을 실천하는 것이 바람직했다. (**가족은 무엇을 하느냐로 정해진다**family is as family does) 우연히 같은 노예주의 집에서 지내게 된 어린 사람들에게 어머니가 되어주고, 필요할 때는 생부라고 주장하거나 그 주장을 수정하고, 상황이 허락될 때는 아내나 남편을 예전의 아내나 남편에게 "되돌려보내고" 등등. 이런 관습은 캐시 코언에서부터 알렉시스 폴린 검스에 이르는 학자들이 구조적으로 퀴어적이라고 설명한 흑인의 비핵가족 친족관계와 "다모성주의polymaternalism"라는 진행형 전통에 기초를 놓았다.[20]

모성 밖에서의, 심지어는 백인우월주의적인 법률 및 과학이 정의한 **여성성** 밖에서의 모성수행은 필요와 생존을 위해 탄생했지만, 가족 폐지에 대한 열망과 사회적 재생산의 대안적 비전을 의식적으로 표출하는 집단 기술이 되었다. 이를 낭만화할 필요는 없다. 노예제라는 맥락에서 때로 동지적 모성수행은 노예적 삶의 재생산을 가슴 절절하게 거부한다는 의미였기 때문이다. 가령 임신한 카리브해 출신 포로들은 새로운 인간 상품 제조를 중단하거나, 아기가 태어난 뒤에 숨을 끊는 은밀한 약초법을 발견했다.[21] 좀 더 일반적으로 매매 대상이 된 이들은 젊든 늙었든 오랜 생이별 기간에 살아남기 위해 서로에게 헌신하며 적응하지 않을 수 없었다. 따라서 서로를 아끼고 보듬는 관계는 일종의 **도망노예 공동체**marronage(도망친 노예들이 모여 사는 공동체)—억류된 사람과 혈연관계가 있는 동족 자아의 도망—다. 재건시대 이후 해방된 남녀와 아이들이 대체로 부르주아 가족 제도에 몸을 던지지 않은 것도 당연하다.

역사학자들은 이 새롭게 해방된 미국인들이 여전히 "농장이나 공장에서 동시대 백인들보다 훨씬 커다란 가족 구조와 다양한 관계"를 유지했음을 확인했다.[22] 요컨대 국가 관점에서 보자면 여전히 지나치게 많은 해방노예들이 문란한 동거 생활을 하고, 일처일부제의 관행 밖에서 아이들을 양육하고, 결혼의 의미에 경악스러울 정도로 느슨하게 접근하는 경향을 보였던 것이다. 이렇듯 해방노예들이 사적인 가족과 결부된 임금에 접근하려고 굳이 애쓰지 않는 우려스러운 "실패" 때문에 사회복지사, 목사, 경찰, 입법가들은 무리 지어 법적인 결혼을 공격적으로 의무화하고 아프리카계 미국인들의 결혼 예절 "위반"을 기소하기 시작했다.[23] 과거에 이들은 결혼을 토대로 한 흑인 가정(또는 선주민, 라틴계, 중국인 가정)을 인정할 경우 우생학적 국가 만들기에 방해가 될지 모른다는 우려에서 떨떠름한 입장을 취한 바 있었다. 하지만 재건시대 이후 미국 정부는 흑인 결혼 가정을 본격적으로 통제함으로써 21세기 복지 집행관들의 "집에 있는 남자" 규정에 토대를 마련했다. 이 규정에 따르면 남성 구성원과 함께 "살게"(심지어 단 몇 시간일지라도) 된 어머니들은 복지수당을 받지 못했다.[24] 법은 흑인 여성이 사는 집에 어떤 사람이든 간에 남자가 있으면 국가가 아닌 그 남자가 아이 양육비를 대야 한다고 선언했다.

반노예제적인 돌봄, 사랑, 성적이거나 젠더적인 자기표현의 기록들을 비판적으로 탐구해온 사람들은 족보를 거스르며 의도적인 일탈을 감행하는 숱한 방법들을 찾아내곤 했다. 사적인 핵가족을 부인하고, 시간적으로 앞서고, 무시하고, 국지화하는 온갖 방법들을. 세이디야 하트먼Saidiya Hartman은 《완고한 삶,

아름다운 실험Wayward Lives, Beautiful Experiments》에서 19세기 말 들어 범죄화되기 시작한 "비혼모, 동성 가구, 여성 가장, 그리고 형제자매, 숙모, 아이들로 이루어진 가정",[25] 성노동자, 감옥 파괴 공작원, 레즈비언 등에 대해 기록한다. 하트먼은 자신의 흥미를 끄는 이 여성들, 품위를 거부하다 처벌과 속박과 억압에 시달리는 19세기 말 여성들의 실험을 **아름답다**고 표현하면서도 이들의 완고한 삶을 낭만화하려는 충동을 억누른다. 하트먼에게 "빈민의 관대함과 상호성"은 내가 아래로부터의 가족 폐지론이라고 부르는 것의 이 모든 다양한 실천으로부터 빛을 뿜어낸다. M. E. 오브라이언은 이와 비슷한 기록물들에 대해 "바로 여기에 본성이라는 낙인을 떨쳐낸 노동계급 가정의 폐지가 있다"고 통찰력 있게 논평한다.[26]

공산주의 선언의 시대

일부 사회주의자들의 반론도 있지만 가족 폐지론은 정통 마르크스주의다. 프롤레타리아 혁명의 거룩한 아버지들은 공산주의가 "모든 상속권의 폐지"를 요구한다고 말한다. 실제로 당대의 일부 혁명적 철학자들, 특히 아나키스트인 프루동과 바쿠닌과 달리 19세기 독일인 카를 마르크스와 프리드리히 엥겔스는 1844년 무렵 가족에 철저하게 반대했다. 앞서 보았듯 이들은 단순한 선동가가 아니었다. 프랑스에서는 푸리에 외에도 조제프 데자크Joseph Déjacque 같은 "자유지상주의적" 공산주의자들이 "결혼에 기반한 가족, 아버지와 배우자의 권위 폐지 … 여성의 해방, 아동의 해방"이 필요하다고 믿었다.[27] 한편 잉글랜드 맨체스터와 스코틀랜드 래나크에서는 웨일스의 사회주의자이자 자선사업가인 로버트 오언이 집단 결혼을 토대로 한 "협동조합식" 모델 위에서 가족 폐지를 선언했다.[28] 마르크스와 엥겔스는 이런 여러 분석의 약점을 공유하여 반가족주의에 점진적으로 도달했지만, 안타깝게도 노예제가 가족을 파괴하는 동시에 그 피해자들에게 가족을 강요했다는 사실까지는 감안하지 못했다. 대신 이들의 반가족주의는 (여러 가지 중에서도) 마르크스가 파리에서 보낸 시간과 푸리에의 사상을 접한 데서 분명한 영향을 받았다.[29]

마르크스와 엥겔스는 푸리에의 (그리고 모든 유토피아적 사회주의자들과 아나키스트들의) 프로젝트 전반에 대단히 비판적이었다. 그런데도 《독일 이데올로기》의 첫 번째 각주는 이렇게 진술한다. "개별 경제의 폐지가 가족의 폐지와 불가분한 관계라는 것은 자명하다."[30] 이렇듯 자명함에도 가족 폐지는 공산주의 선언에 포함되었다. 그리고 이 "공산주의자들의 악명 높은 제안이 가장 급진적인 부류들마저 열을 내게" 만든 것은 유명하다.[31] 이 구절을 통해 마르크스와 엥겔스는 "가족과 양육 … 부모와 자식 간의 신성한 상호관계에 대한 부르주아적 헛소리"를 조롱하며, 지배계급이 "가족을 단순한 화폐관계로 전락시키고" 한때 그것을 가리고 있던 "감상적인 베일을 찢어버렸다"고 지적한다. 이 구절에 대한 일반적인 오해는 그들이 "전락"과 "베일 제거" 과정을 뒤집고 싶어한다는 것이다. 이런 관점에서 보면 그들은 자본주의가 이미 기본적으로 가족을 폐지했다는 사실을 지적하고 있을 뿐이며, 그들이 그 일을 마무리하고 싶어한다는 잘못된 비난에 맞서 실제로는 그들 자신을 **옹호하고** 있는 것이다!

사실 마르크스와 엥겔스가 폐지하고 싶어한

것은 부르주아 가족만이 아니었다. 그들은 자본축적이 프롤레타리아의 혈연관계를 무참히 훼손하고 비하하고 파편화했다는 사실에 섬뜩함을 느꼈지만, 대다수 노동계급이 **열망하는** 남성 가장 중심의 가정이 부르주아적 형태라는 건 변함없는 사실이라고 설명했다. 가족은 (그들이 "질서의 주인공들the Parties of Order"이라 일컬었던) 종교, 국가와 더불어 상호 연관된 공산주의의 세 적이었던 것이다. 그들은 심지어 동지인 헤르만 크리게Hermann Kriege가 가족 폐지를 지지하지 않는다며 몰아세우기도 했다. 마르크스는 《경제학철학수고》에서 "사유재산의 확실한 폐지(Aufhebung)"가 필연적으로 사람들을 "종교, 가족, 국가 등의 밖으로" "되돌려보낼" 것이라고, 그러니까 우리를 적절한 "인간, 즉 사회적 존재 상태"로 되돌려보낼 것이라고 뭉클하게 고찰했다.

　　마르크스에게 인간, 즉 사회적 존재 상태로의 집단적인 "회귀"는 자연의 초월이자 질서의 제도들로부터 탈주이기도 하다. 마르크스는 가족이 자연스럽다(그리고 자연스러운 것은 나쁘다)고 말하는 것도, 가족에는 자연스러운 것이 전혀 없다(그리고 부자연스러운 것은 나쁘다)고 말하는 것도 아니다. 그보다는 **인간**에게 확고불변하게 **자연스럽거나 부자연스러운** 건 없다고 말하는 것이다. 리처드 와이카트Richard Weikart에 따르면, 마르크스와 엥겔스의 입장은 "선행자들의 자연주의에서 단호하게 멀어진 것"이었다. 이런 측면에서 볼 때 그들의 입장은 푸리에보다 자연과 문화의 "변증법적" 관계에 훨씬 더 부합한다. 공산주의 사회에서는 "아무리 사람들이 아이들과 자연적인 유대를 가진다 해도 이를 미리 대비하지는 않을 것이다. … 그 어떤 강제도 관계 사이에 끼어들지 않을 것이다. 따라서 이론적으로 상호 합의한 인간 사이에서는 어떠한 성적 관계도 가능할 것이다. 오히려 가능하지 않은 것은 일생의 결혼을 보장하는 일이다. 이런 성적 관계는 선택될 수 없다."[32]

공산주의 선언은 사적 가족이 해체된 공산주의 사회에 도달하려면 "가정교육을 사회교육으로 대체"해야 한다고 제안한다. 오늘날 일부 마르크스주의자들 (주로 2015년 문서 〈킨더코뮤니스무스: 21세기 가족에 대한 페미니즘적 분석과 가족 폐지를 위한 공산주의적 제안〉에 나타난 줄스 조앤 글리슨Jules Joanne Gleeson과 케이트 도일 그리피스Kate Doyle Griffiths의 입장)에게 이런 사회교육은 핵심 목표 중 하나가 "억압을 폐지"하는 것인데도, 그것을 집행하는 수단은 "억압적"일 수밖에 없다. 이들의 관점에서는 의무적이고 초세대적인 혁명적 탁아소가 필요하다. "자유지상주의적인 양육 같은 건 존재하지 않는다. 오늘날 아이들은 부모와 자본주의적 조건하에서 살아가는 다른 돌봄노동자들에 의해 절박감을 느끼고 스스로를 자본주의에 적응시키는 방법을 배운다. 반면 혁명적 탁아소는 아이들을 새 사회의 주역으로 단련시키는 공산주의적 기관이 될 것이다."[33] 또 어떤 이들에게(이 경우에는 차이나 미에빌China Miéville) "사유화되고 가족이 책임지는 교육이 아닌 사회교육을 옹호하는 것은 세뇌교육을 하자는 게 아니라 지배계급의 세뇌에 맞서자는 것이다."[34] 나는 두 입장 모두에 공감한다. 공산주의 선언의 시대—사회주의 문헌들에 상당한 관심을 쏟는 청중들이 있던 시기—에는 집단적인 **자기** 세뇌에 대한 대중들의 선호가, 그러니까 부르주아 가족 서사 밖에서 자아를 완전하게 개조하고픈 욕구가 있었을지도 모르니까.

알렉산드라 콜론타이와
초기 볼셰비키 유토피아주의

소련의 가족 폐지론자 알렉산드라 콜론타이는 1920년 팸플릿 〈공산주의와 가족Communism and the Family〉에서 가족이 해체된 삶에 대한 마르크스와 엥겔스의 지평에 살을 붙인다. "혁명 이전에는 개별 부모에게 맡겨지던 모든 일을 점차 사회가 책임지게 될 것이다." 자녀에 대한 부모의 의무는 "점진적으로 줄어들"다가 "종국에는 사회가 완전히 책임질 것"[35]이라고 콜론타이는 희망적인 어조로 추론한다. 그는 공감 어린 어조로 독자들에게 "불안해할 필요가 전혀 없다"고 수 차례 안심시킨다.

공산주의 사회는 모든 아이를 돌보고 아이와 어머니의 모성적이고 도덕적인 지원을 모두 보장한다. 사회가 아이를 먹이고, 키우고, 교육시킬 것이다. 동시에 자기 아이의 교육에 참여하고픈 부모들은 절대 제재 당하지 않을 것이다. 공산주의 사회는 관련된 모든 책임을 질 것이지만 … 부모 노릇의 기쁨을 그 진가를 아는 사람들로부터 빼앗지 않을 것이다. 공산주의 사회의 이런 계획은 가족의 강제적인 파괴와 아이와 어머니의 생이별로 해석할 수 없다.

하지만 콜론타이는 여기서 말한 "일하는 여성들"에게 장엄한 무언가를 요구한다. 그는 "내 자식에 대한 어머니의 협소하고 배타적인 애정은 위대한 프롤레타리아 가정의 모든 아이에게 확장되어야 한다"고 선언한다. 요컨대 **붉은 사랑**, "사회적 사랑: 숱한 방식으로 이루어지는 다수의 사랑"이라는 지구적 차원의 반란을 미래 비전으로 제시한 것이다.[36]

알렉산드라는 1872년에 상트페테르부르크에서 자유주의적인 귀족 집안에서 태어났지만 20대 초에 섬유노동자들이 파업을 조직하는 일을 도왔다.[37] 집에서 벗어나기 위해 1893년 콜론타이라는 이름의 신사와 결혼했고, 5년 뒤 남편과 아이를 두고 마르크스주의를 공부하기 위해 취리히(여성이 학업을 할 수 있는 곳이었다)로 떠나 핀란드계급투쟁 전문가가 되었다. 이후 10년 동안 사회민주노동당에서 자신이 속한 분파와 함께 국제—특히 여성—노동혁명을 옹호하는 선전

활동을 하다 차르 정부가 체포 영장을 발부하면서 첫 번째 망명길에 올랐다. 알렉산드라는 유럽 전역에서 제1차 세계대전에 반대하는 운동을 벌였다. 1915년에는 미국 순회를 떠나기도 했다. 어떤 합리적인 기준으로 봐도 페미니스트였지만, 자신이 속한 환경에서 "페미니스트"라는 단어는 숙녀들을 위한 계급화된 자기 이익(단순한 부르주아적-개인주의적 참정권운동)을 의미하기 때문에 스스로를 페미니스트로 여기지 않는다는 점을 항상 분명히 밝혔다. 그는 자신의 팸플릿 〈여성 문제의 사회적 토대The Social Basis of the Women's Question〉와 〈사랑과 새로운 도덕률Love and the New Morality〉에서 가족을 노동분업으로, 섹슈얼리티를 동지적 문제로 이론화했고, 이 개념은 이후 "날개 달린 에로스"로 표현된다. 이 새로운 에로틱한 이상을 다룬 〈청년 노동자에게 보내는 서한Letter to Working Youth〉에서 콜론타이는 커플이라는 형태를 비난했다. "부르주아 도덕률은 모두에게 사랑받는 이가 되기를 요구했다. 프롤레타리아 도덕률은 모두에게 집단성을 요구한다."[38]

1917년 2월 차르가 타도되자 콜론타이는 러시아로 돌아가 에로틱 혁명과 가족의 확실한 폐지에 기여할 수 있게 되었다. 그는 볼셰비키에 합류해 당의 핵심 위원회에서 10월 봉기 전략을 수립하는 데 힘을 보탰다. 이후에는 남편이 동의하지 않아도 여성이 원하면 언제든 이혼할 수 있고, 이혼 수당을 받을 수 있는 결혼법 초안을 작성했다. 45세에 남편과 이혼하고 전 지구적 변화에 지대한 영향을 미칠 수 있는 자리에 있던 콜론타이는 잠시 무단으로 자리를 비웠다가 17세 연하의 선원과 결혼한 채 나타났다(파벨 디벤코 Pavel Dybenko라는 이름의 이 남자는 1938년 스탈린 치하에서 사형을 당한다). 에너지 넘치고 여러 언어에 능통한 철학자였던 콜론타이는 섹스, 사랑, 전쟁, 아동복지, 부모의 역할, 젠더와 계급의 관계에 대한 숱한 명연설을 작성했다. 줄곧 무수한 집회를 다니는 동시에 성적인 "신여성"의 복잡한 심리에 대한 선전소설(《붉은 사랑 Red Love》,《위대한 사랑Great Love》,《일벌의 사랑The Love of Worker Bees》)을 쓰기도 했다. 인간의 섹슈얼리티에 대한 콜론타이의 바람이 "물 한 잔"론으로 표현되었다는 것은 주목할 만하다. 섹스는 물 한 잔을 마시듯 모든 사람에게 넉넉하고 필수적인 것으로, 또한 **특별할 것 없는** 일로 인식되리라는 입장이었던 것이다.

전설적인 출판물 《성적으로 해방된 한 여성 공산주의자의 전기Autobiography of a Sexually Emancipated Communist Woman》(1926)에서 밝히듯 섹스를 출산에서 독립시키고, 여성과 남성의 임금을 동일하게 만들고, 무료 탁아소를 세우고, 가족을 폐지하자는 콜론타이의 의제에 대한 당의 지원은 대단히 형편없었다. 특히 "모성과 육아를 국가가 전담하게 하려는 나의 노력은 … 광적인 공격을 불러일으켰다."[39] 그럼에도 불구하고 콜론타이는 프롤레타리아트 재생산 해방정치—이네사 아르망과 클라라 체트킨 같은 인물들 역시 지지한—를 레닌의 책상 위에 잠시나마 올리는 데 성공했다. 어쨌든 콜론타이는 핀란드를 백군에게 양도하기로 한 브레스트-리토프스크 조약을 비준한 데 대해 동지들이 좌익 공산주의적 입장에서 항의하는 의미로 물러나기 전까지, 잠깐 동안은 첫 소비에트 정부의 인민사회복지 정치위원이었다. 콜론타이의 가장 이름난 업적은 1918년 아르망과 함께 제노텔Zhenotdel, 즉 당 여성부를 만들고 임신중단을 합법화한 것이었다. 하지만 안타깝게도 이 여성부는 무슬림 여성들을 부르카로부터 해방시키려는 신중치 못한 시도를 하기도 했다.

콜론타이는 푸리에나 마르크스와는 달리 (하지만 당대 많은 마르크스주의자가 그러했듯이) 노동을 해방의 열쇠로, 노동자를 탈자본주의의 주체로 생각했다. 콜론타이는 자서전에서 온갖 쓸데없는 사랑 타령 대신 노동, 노동, 그리고 더 많은 (혁명적인) 노동이 자신의 여성으로서의 삶을 차지하게 했어야 한다고 한탄한다. 콜론타이가 보기에 여성의 인생을 건 사명은 보살피는 노동이 아니라 생산적인 노동이어야 한다. 돌봄을 사회화하는 것은 사회주의의 필수 요소다. 하지만 콜론타이에게 그 이유는 궁극적으로 역사를 만드는 것이 돌봄이 아닌 노동이기 때문이다.

1921년에서 1922년, 알렉산드라는 당 내부의 반대 분파이자 반권위주의 성향을 가진 노동자의 반대Workers' Opposition 편에 섰고, (비슷하게 전제적인 지도부의 공고화에 저항하고자 했던) 소위 22인의 서한에 용감하게 서명했다. 그 결과, 1920년대 중반 자신이 건립에 기여했던 혁명 소련에 의해 고국에서 다시 한 번 추방당했다. 이번에는 멕시코에서의 상당 기간을 포함해, 수십 년간 외교직이라는 허울을 쓴 채로. 비극적이게도 콜론타이는 남은 일생 동안 이역만리에서 스탈린을 위해 봉사하며 자신의 해방적이고 생디칼리즘적인 신념을 폐기한 것 같다. 스탈린이 (젠더 문제에 보수적이고 가부장적인 건 말할 것도 없고) 가장 반공산주의적인 사회 질서를 복원시켰는데도 말이다. 콜론타이는 한 번도 스탈린을 공개적으로 비판하지 않았고, 살아남았고, 1952년 러시아에서 생을 마감했다. 그가 강경 노선을 접었다는 사실은 뼈아프지만, 수십 년간 전 세계에 알려진 소련의 가장 유명한 대사가 **외교관직을 맡은 최초의 여성 중 한 명**(이 사실은 여성 권력가의 역사에서 한 번도 언급되지 않은 듯하다)일 뿐 아니라, 매혹적인 여성 탕아이자 가족 폐지론자라는 사실은 사람들에게 상당한 즐거움을 안겨줄 만하다. 콜론타이의 "붉은 사랑"이라는 상상은 임금노동 체계를, 또 그것이 자유로운 인간의 미래와 양립 가능한지를 충분히 문제 삼지 못하긴 했지만, 그가 옹호한 성해방 정치와 "방탕한" 사적 관습들은 예나 지금이나 전 세계 수백만 인류에게 영감을 준다. 이 때문에 그가 미디어 전반에서, 그리고 수치스럽게도 자신이 속한 당내에서 광적인 음해의 표적이 되었을 수는 있지만, 100년 뒤 성에 긍정적인 전 세계의 적군들은 그의 이름에 경의를 표한다.

《붉은 사랑: 알렉산드라 콜론타이 읽기Red Love: A Reader on Alexandra Kollontai》는 신콜론타이주의 자들의 선언문, 서한, 투쟁 회보, 인터뷰, 연극, 에세이를 집대성하여 2020년에 출판된 대작이다.[40] 같은 해 스페인 예술가 도라 가르시아Dora García는 콜론타이의 인생과 유산을 공동 조사하여 문서로 엮은 《장애물 속의 사랑Love With Obstacles》(원제는 붉은 사랑Amor Rojo)을 출간하고 자신이 만든 동명의 영화에 곁들였다.[41] 나는 2022년 브루클린에서 콜론타이를 주제로 열린 가르시아의 전시(〈혁명이여, 너의 가능성을 완수하라!〉)에서 트랜스 혁명가 M. E. 오브라이언과 함께 워크숍을 조직했는데, 그 자리에서 가르시아의 《붉은 사랑》기록물과 영화를 접했다. 볼셰비키의 가족 폐지론과 오늘날의 멕시코 트랜스페미니즘, 그리고 기세등등한 임신중단 옹호 가두시위를 연결시킨 가르시아의 작품을 보고 나는 감동의 눈물을 흘렸다.[42] 이 모든 선집과 감동적인 이미지들은 반혁명 세력이 활개치지 않았더라도 콜론타이가 러시아 국내 전선에서 부르주아적인 사랑을 "날개 달린 에로스"와 "사랑–동지애"로 탈바꿈하는 데 있어 동지들과 어떤 성과를 이루었을 지 전혀 알 길이 없음을 암시한다. 콜론타이의 가족 폐지론이 다른 볼셰비키들에게 적극적으로 좌절되었음을 반복해서 보여주고 있기 때문이다. 마이클 하트는 이렇게 말한다.

> 1919년 제8차 당대회를 위해 콜론타이는 가족의 사멸을 분명하게 지지하는 수정안을 준비했지만 레닌은 그의 목적에 공감하면서도 아직은 적기가 아니라고 주장했다. 레닌은 "사실 우린 가족을 지켜야 한다"고 반응한 것으로 전해진다.[43]

슐라미스 파이어스톤, 혁명적 페미니즘, 키부츠의 한계

가족 구하기는 역사 속 숱한 페미니스트들의 사명이었다. (다시 한 번 밝히건대 스스로를 페미니스트로 여기지 않았던) 콜론타이가 스스로를 페미니즘이라고 칭하는 운동에 종종 반대했던 것은 이 때문이기도 하다. 하지만 이제는 50여 년의 세월을 건너뛰어 레닌그라드에서 로워이스트사이드로 넘어가 유대계 뉴욕 시민이자 시카고 예술학교를 졸업한 메시아적인 페미니스트 슐라미스 파이어스톤을 만날 차례다. 그가 쾌활하고 읽기 쉬우면서도 프로이트, 라이히, 마르크스, 엥겔스, 보부아르를 버무린 듯한 대단히 철학적인 〈가족 폐지 선언문〉(1970년 발표)을 작성한 것은 겨우 24세 때였다.[44]

이 선언문은 이상할 정도로 콜론타이의 이름을 전혀 언급하지 않긴 하지만, 파이어스톤은 "러시아 혁명의 실패는 가족과 성적 억압을 제거하려는 시도의 실패에 직접적으로 기인한다"고 지적한다(안타깝게도 자세히 풀어 설명하지는 않는다).[45] 이 시도를 재개할 더 좋은 방법에 대한 단서를 찾아 헤매던 파이어스톤은 이스라엘로 가서 정착민-사회주의적 키부츠의 생활을 연구하고, 아동의 발명을 둘러싼 필립 아리에스Philippe Ariès의 논란 많은 역사서《아동기의 세기들 Centuries of Childhood》(1962년 번역)을 탐독하고, 넓게는 국제적인 "자유학교" 또는 "탈학교" 운동, 그중에서도 닐A. S. Neill이 잉글랜드 서퍽의, 아이들을 위한 사설 유사공동체에서 실험한 "양육에 대한 급진적인 접근법"인 서머힐*을 공부했다.[46] 이 과정에서 실망을 느낀 그는 미국 자매들에게 "극좌" 키부츠인들은 비좌파, 그리고 사실상 더 넓은 사회만큼이나 성적으로 보수적이고 가부장적이라고 전했다. 무엇보다 "키부츠는 특수한 국가적 조건의 집합에 잘 적응하려고 전통적인 사회 구조를 일시적으로 희생할 수밖에 없는 농업 개척자들의 공동체일 뿐"이라고도.[47]

스스로를 미국여성해방운동의 개척자이자 이론가로 지칭했던 파이어스톤은 "인공두뇌 기반의 사회주의하에서 노동력 자체를 폐지"하고 "출산과 양육의 역할을 남녀를 아우르는 사회 전체에 확산"시켜야 한다고 주장했다. 기계 포궁을 이용한 체외발생은 이 사변적인 그림의 일부로 악명을 떨쳤다.[48] 하지만 다른 무엇보다 파이어스톤은 여성이 아이들과 자기 자신을 자본주의적 가부장제로부터 해방시켜, 기

● [옮긴이주] 1921년에 닐이 설립한 기숙사제 사립학교로, 대안교육의 모델로 여겨진다.

술을 장악하고, 일터의 폭압을 일소하고, 노동(심지어는 가능한 선에서 재생산노동까지도)을 자동화하고, 근친상간의 금기를 떨치고, 놀이와 사랑과 섹슈얼리티가 아무런 구애 없이 흐를 수 있도록 해야 한다고 주장한다.[49] 키부츠 운동이 점령 팔레스타인 땅에서 (당연하게도) 가족을 폐지하지 못한 데 대해 1970년 많은 미국 여성들이 더 큰 관심을 가지지 못했던 것은 이 때문일 것이다. 케이시 윅스가 재치 있는 제목의 에세이 〈가장 악명 높은 페미니스트의 주장The Most Infamous Feminist Proposal〉 서두에서 단언하듯, "공산주의자들의 악명 높은 주장"이 순식간에 여성해방운동의 입장이 되었다.

그렇다, 맹렬하게 타올랐던 시기의 여성해방운동은 가족 폐지를 의미했다. 1969년 자가 출판된 미국 운동계의 등사인쇄물 《여성: 해방 저널》에 실린 린다 고든Linda Gordon의 기나긴 성명서 〈가족의 기능 Functions of the Family〉은 "핵가족은 무너뜨려야 하고, 사람들은 함께 사는 더 나은 방법을 찾아야 한다. 나아가 이 과정은 자본주의 전복 이후만이 아니라 이전에도 이루어져야 한다"는 혁명적 페미니즘의 입장을 개괄한다.[50] 주류 출판물인 《성의 변증법》이 세계를 흔든 것은 바로 다음 해였다. 파이어스톤의 이 걸작은 미국 사회의 거의 모든 "자연 상태에 가까운" 전제를 맹렬히 거부한다("거의"라고 한 것은 인종에 대한 장이 한심할 정도로 인종주의적인 색채를 드러내기 때문이다. 또한 그 책에는 퀴어에 대한 언급이 전혀 없다).[51] 책은 아이와 어른이 함께 자본주의, 노동, 성차별을 모두 혁파한 뒤 유전과는 관계없는 대가족 안에서 민주적으로 살아가는 미래상을 제시한다. 파이어스톤은 계급, 노동, 시장의 철폐가 굳이 변론할 가치도 없을 만큼 당연히 필요한 일이라 여겼다. 그가 진짜로 관심을 가졌던 부분은 문화와 자연의 폐지였다. 한쪽에는 가부장적인 "사랑"과 "로맨스 문화"가, 다른 한쪽에는 임신이 있는.

파이어스톤이 품었던 원대한 야심은 독자들을 경악시켰다. 하지만 1970년 독자들에게는 성과 세대 구분을 폐지하자는 그의 주장을 받아들일 만한 어느 정도의 맥락이 있었다. 당시에는 케이트 밀렛에서부터 토니 케이드 밤버라에 이르기까지 사실상 모든 페미니스트가 가족을 여성과 아이에게 억압적이고, 에로틱한 관계를 저해하며, 백인우월주의적이라고 비난하고 있었다.[52] 1968년 밀렛은 "가부장제의 핵심 제도는 가족"이라고 썼다.[53] 심지어 베티 프리던도 가족에 반대하는 입장을 번복하기 10년 전인 1963년에는 사적 가정을 "안락한 수용소"라고 불렀다. 공동체가 운영하는 보편적인 24시간/주 7일 무료 어린이집은 페미니즘 내에서 **중도적인** 요구였다. 오늘날 많은 사람들이 여성이 가족 폐지를 요구했던 이 역사를 알지 못한다면, 그것은 등장하자마자 격파당한 뒤 적극적으로 삭제되었기 때문이다. 1981년 셰릴 클라크Cheryl Clarke는 유명한 유색인종 여성 선집《내 등이라 불린 이 다리This Bridge Called My Back》에 실린 글에서 대중운동과는 약간 동떨어진, 어쩌면 스스로도 확신이 조금 부족한(큰소리를 치고 있긴 하지만) 목소리를 냈다. "내가 보기에 페미니스트를 자처하는 여성이라면 가족과 국가 안에서, 그리고 매디슨가에서 억압적인 이성애가 활개를 칠 때 그것으로부터 모든 여성을 해방시키는 데 헌신해야 한다."[54]

기나긴 1960년대를 거치며 결국 자본주의가 승리를 거머쥔 뒤, 가족 폐지를 부르짖는 외침은 묘한 수치심 아래 매장되었다. 윅스의 표현에 따르면

"페미니스트들은 그것을 되돌리려 했다."[55] 1979년 《빌리지 보이스》의 긴 특집 글 〈가족: 사랑하거나 떠나거나The Family: Love It or Leave It〉에서 혁명적인 페미니스트 엘런 윌리스Ellen Willis는 이 현상, 즉 "1960년대의 노장들이 '우린 가족 폐지에 성공하지 못했어. 이건 우리가 틀렸다는 증거야. 가족은 필요해' 같은 말을 하도록 부추기는 정서"를 작정하고 지적한다.[56] 이런 안면몰수한 입장 변화가 제 속을 뒤집어놓는다고 윌리스는 밝혔다. 1970년대 말 패배감에 찌든 좌파들은 집단적으로 향수에 빠져들어 가족을 낭만화하고 자본주의가 가족을 붕괴시켰다며 비난했다(불과 10년 전만 해도 가족을 맹비난하고 자본주의가 가족을 영속시킨다며 몰아세워놓고서는). 옛 동지들 사이에서는 불현듯 쌍쌍이 부르주아적 고립에 이르고자 하는 욕구뿐만 아니라 가족을 예찬하는 책의 형태로 그것을 정당화하려는 욕구까지 등장했는데, 일례로 한때 "신마르크스주의자"였던 보수적인 도덕주의자 크리스토퍼 래시Christopher Lasch가 쓴 《비정한 세상 속의 안식처Haven in a Heartless World》가 있다.

    윌리스는 실패를 속상해하며 만천하에 선언

하고 싶어하는 좌파의 충동을 이해 못 할 건 아니지만 응석이나 다를 바 없다고 주장한다. 그는 실패했다는 경험 자체로는 1960년대의 목표가 틀렸음을 못 박을 근거가 되지 못한다는 사실을 상기시킨다. "수천 년 동안 필수적인 기능과 억압적인 기능을 동시에 수행하며 지속된 제도를 우리가 단 몇 년 만에 혁명적으로 갈아엎지 못했다는 것은 놀라워하거나 수치스러워할 문제가 아니다." 다시 말해서, 우리는 부끄러워할 필요가 없다. 대처가 영국에서, 레이건이 미국에서 집권하기 전에 이미 윌리스가 《빌리지 보이스》에 기술한 물질적·사상적 패배 과정이 이후 몇 년 동안 더욱 심화한 것에 놀랄 필요도 없다. 우리 주위에서 래시 같은 목소리가 얼마나 많이 들려오든, 얼마나 많은 유사파시즘적fascoid("적색-갈색") 동맹과 얼치기 마르크스주의-페미니스트가 "가부장제를 변호하든"[57] 언제나 실은 다시 집어 들어 도화선으로 바꿔 불을 당길 수 있음을 기억해두는 게 좋을 것이다.

　　마르크스주의 페미니스트들은 1980년대의 황폐한 분위기 속에서도 최소한 담론상으로나마 가족 폐지의 불씨를 지키기 위해 힘을 모았다. 1983년린 시걸Lynne Segal은 영국 사회주의 협회Socialist Society를 통해 모은 글들을 편집해《가족을 어떻게 할 것인가?What Is To be Done About the Family?》라는 선집을 펴냈다. 여기에는 미카 나바Mica Nava, 데니스 라일리Denise Riley 등이 신자유주의적 육아의 모순과 앞으로 가야 할 머나먼 길에 대해 고찰한 글들이 실려 있다.[58] 그런가 하면 1991년 바렛과 매킨토시는 많은 영국 좌파들의 노여움을 샀는데, 처음에는 "가족은 돌봄, 공유, 사랑을 제 전유물로 내세우지 않는다면 더 폭넓게 확산될 것"[59]이라는 생각 때문이었고, 그다음에는 최근 노동당의 "가족주의"가 사실상 대처의 가족주의를 능가했다는 지적 때문이었다. 매킨토시와 바렛이 함께 쓴《반사회적 가족》은 사회주의와 가족주의가 근본적으로 양립 불가능함을 현대적이고 위력적인 방식으로 펼쳐 보여주었다. 이들은 "사유화된 가족 [중심의] 집산주의는 더 폭넓은 사회적 집산주의의 강점을 약화시키는 경향이 있다"며 공들여 설명했다. "가족이 더 강력하고 든든한 뒷배가 될 거라 예상될수록 가족 바깥의 다른 지원 제도들은 더 약해진다.[60]

이 지점에서 두 페미니스트는 주류적인 흐

름을 거스른다. 그들 동료 대부분은 심기가 불편해서 분을 참지 못하는 청중들을 안심시키기에 급급해 입장을 180도 바꿔 이렇게 말했다. 우리는 반가족주의자들이 아니다, 우리는 사실 더 적은 가족이 아니라 더 많은 가족을 원한다![61] 이런 비겁한 수작은 충분히 이해할 수 있다. 때로는 나 자신도 그러했으니까. 가령 내 첫 책《이제는 완전한 대리모 제도를》이 더 많은 혈연관계에 대한 요구로 이해될 수 있다는 말에 동의함으로써. 어쨌든 "가족"이 언어적 차원에서 인간관계와 동의어일 때, 거기에 반대한다는 것은 사랑을 증오한다는 의미로 받아들여지게 된다.[62] 파이어스톤은 이런 비난을 겁내지 않았던 것 같다. 그는 자신보다 먼저 살았던 콜론타이보다도 훨씬 용감하게 "사랑을 타도하자"[63] —그러니까 현존하는 사랑을—고 말하면서도, 이성애와 동성애를 넘어선 "건강한 트랜스 섹슈얼리티"가 오기를 열망했다. 그에 따르면 이 트랜스 섹슈얼리티는 사회 전반에 에로티시즘을 확산시킴으로써 그 의미를 탈바꿈할 것이다. 콜론타이처럼 파이어스톤은 이제까지 생각하지 못한 더 나은 사랑, 붉은 사랑을 목표로 삼았다. 파이어스톤은 적극적으로 사랑하는 사람이었다. 친구들의 애정 어린 설명에 따르면 그는 남자들과의 섹스를 아주 좋아했다. 하지만 지금의 역사적인 조건에서 사랑을 얻기 위한 투쟁은 필연적으로 증오하는 사람이 된다는 것을 의미한다. 그는 결혼박람회를 난장판으로 만드는 데 가담했고, 미인대회를 공격했고, "미소 보이콧"의 전략적 가능성을 진지하게 제시했다("아이/여성의 미소는 … 피해자가 그 남자의 억압을 묵인한다는 의미"이기 때문이다[64]). 수전 팔루디는 "그를 못마땅해하는 사람들은 그에게 살인 성향이 있다고 비난했다"고 건조하게 말한다.[65]

찬물 끼얹기의 조상 격인 이 유토피아주의자는 오래가지는 못했지만 호전적인 (그리고 새 시대의 도래를 믿는) 여성해방 저널 《노츠Notes》를 편집하고 제작해서 자비로 출간했을 뿐만 아니라 여러 혁명적인 집단을 공동으로 설립했다. 뉴욕래디컬우먼New York Radical Women, 레드스타킹스Redstockings, 뉴욕래디컬페미니스트New York Radical Feminists는 한번씩 직접행동을 감행했는데, 가령 《레이디스 홈 저널》 사무실이 표적이었을 때는 파이어스톤이 편집자의 면전에서 잡지를 찢어 보이기도 했다. 이들 무리는 말썽을 몰고 다니긴 했지만 셀 수 없이 많은 여성의 삶을 영원히 바꿔 놓았다. 하지만 마음 아프게도 《성의 변증법》이 출간된 직후 파이어스톤은 운동에서 완전히 손을 뗐다. 일각에서는 그가 페미니즘이 "자신의 인생을 망쳐놓았다"고 믿게 된 거라고 설명한다.[66] "문화에 대한 우리의 정의를 바꿔놓을 잠재력을 갖고 강력하고 새로운 여성 예술에 토대를 놓는다"는 기획 의도를 가진 파이어스톤의 두 번째 책은 출간되지 못했다. 마침내 후속 텍스트가 등장한 것은 1998년이었다. 《공기 없는 공간Airless Spaces》은 파이어스톤과 다른 입원 환자들의 정신병원 감금에 대한 이야기 여러 편을 모아놓은 짧은 책이다.[67] 그는 2021년 자신의 아파트에서 홀로 세상을 떠났다. 옛 동료들이 추도식에 구름처럼 모여들었고, 그가 모든 면에서 얼마나 존재 불가능한 인물이었던가를 회상했다.[68] 그를 정말로 견디기 힘들어했던 사람들조차 열정적으로 증언했다. 슐라미스 파이어스톤은 세상을 바꿨다고.

게이와 레즈비언,
그리고 아동해방

내게 있어서 역사적으로 사라진 기회 가운데 파이어스톤과 그의 운동이 이론적으로나 실천적으로나 게이해방운동과의 접점을 적극적으로 찾지 않았다는 것만큼 애통한 일은 없다. 당시 게이해방운동은 젊은이들의 경제적·성적·젠더적 자유를 옹호하고 (게이운동가들이 종종 표현하듯) "외부에서" 사적인 핵가족을 공격했던 혜성 같은 반란 세력이었다. 가족 제도에 맞서 연대를 공고히 하고 전략을 수립할 기회는 분명 1900년대 초부터 꾸준히 있었다. 유럽계 미국인 가정은 강간, 학대, 구타, 또는 그냥 결혼을 피해 도망친 소녀와 여성들이라는 형태로, 그리고 부모들이 거리로 쫓아낸 동성애, 트랜스, 간성 청년이라는 형태로 숱한 도망자들을 양산해왔다. 내 생각에는 게이해방운동의 가족 폐지론과, 여성해방운동 및 흑인권익운동의 가족 폐지론이 튼튼하게 협력했더라면 레즈비언들이 말하는 "모성에 반대하는 모성수행mothering against motherhood"(에이드리언 리치)[69] 원리가 젠더와 백인 중심성을 타파하는 새로운 힘을 갖게 되었을지 모른다. 이제껏 우리는 피억압 공동체들이 해온 다양한 노력들의 계보학을 대체로 해체해서 "스스로 모성을 수행하는 법을 학습"했다(오드리 로드가 나중에 쓴 표현).[70] 퀴어사학자 마이클 브론스키Michael Bronski는 이렇게 적는다. "1950년대와 1960년대의 게이 은어로 갓 정체성을 밝힌 젊은 게이 남성을 안내하거나 그에게 조언하는 일을 맡은 나이 많은 게이 남성은 '어머니'라고 불리곤 했다."[71] 하지만 20세기 후반에 이르러 게이 조직이 예외성, 공동체의 위급 상태, 호스피스 돌봄 부재라는 에이즈 관련 재난에 대응해야 하는 상황에 처하면서 젠더와 무관한 모성수행을 (유토피아적인 건 차치하고) 긍정적으로 바라보는 이론의 인기가 사그라들었다.[72]

　　공식적으로 게이해방운동은 뱅가드Vanguard라고 하는 집단과 연계된 드랙퀸과 트랜스 여성들이 이들을 조직적으로 괴롭히고 공세를 퍼붓는 경찰에 항의하는 폭동을 벌인 1966년 8월 샌프란시스코의 컴턴 카페테리아에서 시작되었다.[73] 이 운동은 뉴욕 스톤월에서 경찰을 상대로 일어난 폭동과 함께 1969년 전 세계로 번져나갔다. 1970년 스톤월 경험자들과 게이해방전선의 투사인 실비아 리베라Sylvia Rivera, 마르샤 존슨Marsha P. Johnson, 밤비 라무르Bambi L'Amour, 베베 스카르피Bebe Scarpi 등이 길거리의상도착행동 혁명군Street Transvestite Action Revolutionaries(STAR)을 설립했다. 이들은 부동산에 연줄이 있는 마피아 지인에게 의지해 모금 행사를 개최하고 이스트빌리지에 트랜스젠더 공동체 스타하우스를 열었다. 여기서 나이 많은 성전환여성 매춘부들이 이성애 가부장제 가정에서 도망친 신입 난민 수십 명의 어머니 역할을 하면서 "게이 파워"를 모으고 그들이 "아이들"이라고 부르는 숱한 성전환여성이나 퀴어 청년들의 목숨을 구했다.[74] 한편 샌프란시스코에서는 민주사회를 위한 학생연합의 활동가 칼 휘트먼Carl Wittman이 〈미국의 난민들: 게이 선언Refugees from Amerika: A Gay Manifesto〉을 작성하고 있었는데, 여기서 그는 게이들이 "게이 게토" 이상을 열망해야 한다고 주장하면서 "게이해방 공동체"의 등장을 칭송했다. "우리는 우리 스스로를 통치하고, 우리만의 제도를 수립하고, 스스로를 지키고, 우리가 얻은 에너지를 가지고 우리의 삶을 향상시켜야 한다"[75]면서. 동시에 전문가들이 이들을 환자로 몰아가자(심지어는 정신의학을 빙자한 고문과 감금을 일삼자) 게이와 레즈비언 운동가들은 "매드 프라이드mad pride", 환자해방운동, "정신의학 반대운동"을 조직하는 데 투신했다. "스키조-컬처Schizo-Culture"●라는 이름의 한 컨퍼런스는 부모와 의사의 권력에 도전한다는 의미에서 퀴어와 신경발달에 문제가 있는 "정신이상자sickos"들을 한자리에 모았다.[76]

위태롭게 집 안에 갇힌 유색인종 트랜스 성 노동자들이 동성애를 혐오하는 백인우월주의 사회의 틈새와 가장자리에서 생존 기술을 쌓는 동안 내재적인 게이해방이론은 전 세계로 확산되었다. 1971년 프랑스에 새로 설립된 동성애 혁명행동전선은 "가부장적 가족을 폭파"하겠다는 의도를 알리는 성명을 발표했다.[77] 같은 해 런던의 게이해방전선도 선언문을 작성했다. 이들은 "우리 사회 전반은 가부장적 가족을 중심으로 짜여 있다"면서 이렇게 분석한다.

● [옮긴이주] Schizo는 조현병, culture는 문화라는 뜻과 배양하다라는 뜻이 있다.

청사진은 말한다. "세상에 반대하는 우리 두 사람", 그 걸로 보호와 안락을 얻을 수 있다고. 하지만 이 역시 숨 막힐 수 있다. … 혼자서, 또는 고립된 커플로서 우리는 약하다. 사회는 우리가 그런 상태이기를 원한다. 우리가 함께 뭉치면 사회는 우리를 그렇게 쉽게 찍어 누르지 못한다. 우리는 함께하고, 서로를 이해하고, 같이 살아야 한다. … (하지만) 우리의 게이 공동체와 집합체들은 단순히 편리한 생활 방편이거나 아니면 그만도 못하게 그저 게이 게토의 연장이어서는 안 된다. … 우리는 우리의 개인 재산에 대한, 연인에 대한, 일과 여가에서 일상적인 우선순위에 대한, 심지어는 프라이버시의 필요성에 대한 태도를 바꿔야 한다.[78]

게이해방운동이 탄력을 받으면서 이런 생각들이 구체성을 띠기 시작했다. 1972년, 일군의 운동가들은 보스턴에서부터 마이애미까지 차를 몰고 가 민주당 전당대회 참석자들에게 열 가지 요구사항이 담긴 전단을 돌렸다. 이 중 많은 사항(경찰 폐지, 미국 제국주의 종식 등)이 오늘날에도 익숙한 내용이다. 하지만 여섯 번째 요구사항은 지금의 민주당 지지자들이 별로 들어보지 못한 내용일 것이다.

> 양육은 공동체 전체의 공통 책임이어야 한다. 부모가
> "자신의" 아이에 대해 갖는 모든 법적 권한은 해체되
> 어야 하고, 모든 아이는 자신의 운명을 자유롭게 선택
> 할 수 있어야 한다. 무료 24시간 보육센터를 설립하고
> 동성애자들이 그곳에서 육아 책임을 나눌 수 있게 해
> 야 한다.[79]

장애해방운동Crip Liberation에서부터 비폭력
운동Flower Power에 이르기까지 당시 많은 운동이 아
이들과의 연대를 어떻게 형성할지를 분명하게 고민했
다. 블랙팬서는 학교를 설립하고 무료 아침 식사와 방
과 후 프로그램을 제공하는 방식으로 공교육 시스템
에 강력하게 개입했다. 레즈비언과 페미니스트 중심
의 보육시설 수십 곳과 앞서 보았듯 서머힐 같은 탈학
교 실험이 활발하게 조직되었고, 이 가운데 일부는 아
이들의 해방이 무엇을 의미하는가를 놓고 아이들과
대화의 물꼬를 트고자 했다.

브론스키의 설명에 따르면 1970년대에 아

동의 해방 및 권리를 설파한 미국 대중서는 최소 열다 섯 권이었는데, 이 가운데에는 데이비드 고틀립David Gottlieb의 《아동해방Children's Liberation》(1973)과 베아트리스 그로스Beatrice Gross와 로널드 그로스Ronald Gross의 《아동권리운동The Children's Rights Movement》(1977) 등이 있다.[80] 검스가 보여주었듯 《우리의 등골을 뽑아Off Our Backs》 같은 운동잡지들은 여러 반인종주의자들이 "아이가 (사유재산을 가진) 부모의 소유물이라고 말하는 가부장적 사고"를 규탄하며 공저한 글을 실었다. 가령 인종이 다른 레즈비언 연인 메리 페나Mary Peña와 바버라 캐리Barbara Carey는 "(아이는) 가부장제의 소유가 아니다/아이는 우리의 소유도 아니다/그들은 그들 자신의 소유일 뿐이다"라고 선언했다. 같은 맥락에서 1979년 (오드리 로드가 기조 연설을 한) 전국 제3세계 레즈비언게이 컨퍼런스에서 한 레즈비언 집단은 〈모든 레즈비언의 자식은 우리 자식이다〉라는 입장문을 발표했다.[81] 일부 도시에서는 스스로를 이페미니스트Effeminist로 칭하는 게이해방 운동가들이 "게이 남성은 여성이 더 많은 권리를 손에 넣을 수 있도록, 육아를 비롯한 전통적인 가사노동을 책임지면서 여성의 수발을 들어야 한다"는 신념을 피력했다. 여성 해방운동에 투신한 남성들의 사례를 좇아 남성 육아 집단을 만든 이들도 있었다.[82]

1980년대에는 많은 운동 세력이 게이와 소아성애를 동일시하는 아니타 브라이언트Anita Bryant의 동성애혐오운동 '우리 아이들을 구하자'와 레이건 시대의 '도덕적 다수'●에 맞서기보다, 아동과의 연결고리에서 한 발 물러나 에이즈에서 살아남는 데 주력했다. 핵가족 파괴라는 목표는 권리만 외치는 의제로 대체되었고 이는 상징적이고 실질적인 필요에 다시 투자하게 함으로써 결국 핵가족에 새로운 생명을 불어넣었다. 그 후 레이건의 역병, 에이즈 바이러스로 인한 (예방 가능한) 죽음이 퀴어집단을 대대적으로 휩쓸고 난 여파로 미국 사회에 새로운 "동성애 규범적homonormative" 게이 주체가 등장했다. 에로틱한 욕구를 자제할 줄 알고, 믿을 만하며, 생산적이고, 부모가 될 잠재력이 있는 주체가. 오늘날에는 (바로 페미니즘이 그렇듯) 기독교 복음주의라는 변두리를 제외하면,

●　[옮긴이주] 기독교 우파와 공화당이 관련된 정치 조직.

LGBTQ의 이익이 결혼을 위협하거나 가족에 도전하는 것과 어떤 식으로든 관계가 있다는 주장은 찾아보기 힘들다. 일부 대도시에서는 초기부터 게이해방 운동가들이 적으로 여겨온 부르주아적 동성애("이성애와 다를 바 없는 게이성straight gayness")가 어느 정도 주도권을 쥐고 있다. 게이해방운동이 모순어법이라고 지적하려고 노력해온 게이 가족은, 가족 구제에 결정적인 요소가 되었다.

가사노동을 위한 임금과 전국복지권조직

게이해방운동이 미국에서 본격적으로 시작된 지 얼마 안 되어 이탈리아에서는 일군의 "자율주의적" 마르크스주의 페미니스트들이 가사노동을 위한 임금 운동에 착수했다. 맨 처음으로 조직을 꾸린 사람들은 레오폴디아 포르투나티와 마리아로사 달라 코스타였지만 오래지 않아 캐나다, 잉글랜드, 뉴욕의 동지 ─ 셀마 제임스Selma James, 실비아 페데리치, 마거릿 프레스코드Margaret Prescod, 니콜 콕스Nicole Cox 등―들이 네트워크를 확산시켜 국제가사노동을 위한 임금위원회라는 결실로 이어졌다. 곧이어 레즈비언에게 주어야 하는 임금, 잉글랜드매춘집단, 가사노동을 위한 임금을 위해 싸우는 흑인 여성 같은 하위집단들이 결성됐다. 당면한 과제는 무엇이었을까? 전 세계 여성의 파업을 조직하여 재생산 수단을 장악하는 것이었다(최소한 일단은 현금을 장악하는 것). 임금에 여성의 재생산노동에 대한 대가가 누락되어 있음을 사회가 인정하는지 여부는 중요치 않았다. 슬로건은 이렇게 촉구했다. **전 연령의 여성이여, 당신의 임금을 걷으라!** 가사노동을 위한 임금은 "모든 정부"에 "통보"했다. 이들은 여성이 만들어내는 모든 돈을 "완전히 그리고 소급해서" 지불할 것을 요구했다. 가사노동을 위한 임금은 숱한 여성들이 자기 집에서 수행하는 역할에 대한 관점을 담은 놀라울 정도로 정확한 표현을 제시했다. "그들은 그것이 사랑이라고 말한다. 우리는 그것이 무급노동이라고 말한다."[83] 이들은 무급 육아, 노인 돌봄, 가사노동, 섹스, 감정노동, 아내 노릇이 사랑의 표현일 수 있음을 **부정하지는 않았다.** 그러나 이 투사들은 "우리의 욕구를 충족시키는 관계와 활동이 노동으로 전환되는 것만큼 우리 삶을 효과적으로 질식시키는 것은 없다"[84]고 주장했다. 달리 말해서 문제는 자본주의하에서 사적인 가정을 돌보는 일은 종종 사랑하려는 욕구의 표현이지만 동시에 숨통을 조이는 노동이기도 하다는 것이다. 그것이 남성 상사나 남편, 아빠 같은 개개인의 잘못이 아니라는 점은 돌봄노동자들이 가족 형태 속에서 맞닥뜨리는(그리고 그들이 가하는) 폭력이 얼마나 교묘한지를 시사한다. 유급이든 무급이든 가정부와 어머니가 여전히 노동자로 인정받기 위해 투쟁해야 하는 것은 이 때문이다. 그리고 이는 노동자로 인정받는 것이 착취를 끝내기 위한 사전 단계이자, 나아가 콜론타이가 생각했던 새롭고 다른 형태의 사랑, **가족을 넘어선 사랑**을 알아가기 위한 사전 단계인 이유다.

가사노동을 위한 임금은 자본주의하에서 "사랑"이 임금을 낮추거나(넌 돈을 벌려고 이 일을 하는 건 아니잖아) 심지어는 아예 임금을 주지 않을 목적으로 (네가 사랑하는 일을 하면 평생 하루도 노동하지 않은 거나 마찬가지야) 악용될 수 있기 때문에 종종 지배계급의 이익에 복무한다는 점을 간파했다. "돈이 아니라 사랑에" 신경 쓰라는 젠더화된 명령은 어떤 종류의 가정이든 살림에 들어가는 노동이 뼛골 빠지고, 반복적이고, 눈에 띄지 않고, 에너지를 축내고, 다람쥐 쳇바퀴 돌듯하는 삶에 가둬버린다는 사실을 덮어버린다. 무언가가 "상품이어서는 안 된다"는 원칙은 그것이 이미 도처에서 판매 중이라는 현실을 감추고, 그것을 판매하고 있는 사람들에게 저임금을 주는 핑곗거리가 된다. 그러므로 가사노동을 위한 임금운동은 가사노동을 **위한** 일이 전혀 아니다. 반대로 가사노동자들은 가사노동에, 임금에, 모든 자본주의적 노동에 반대한다. 이런 의미에서 그들의 강령—페데리치는 "가사노동에 **반대하는** 임금"으로 표현을 바꾸고 입장을 분명히 했다[85]—은 최근 점점 고개를 들고 있는, 돌봄노동을 "중시"하고 가사노동에 "가치"를 부여해야 한다는 요구와는 거리가 멀었다. 내가 보기에 이 운동은 가족 폐지론에 가까웠다.

이와 병렬적으로, 미국에서는 복지수급자들이 가사노동을 위한 임금과 손잡고 전국에 수백 개의 지역 모임을 조직했고, 종국에는 이 모임들이 모여 전국복지권기구(NWRO)가 되었다. 이 단체는 전성기를 구가할 때는 무려 10만 명을 대변했다.[86] 1966년부터 1975년 사이 (대다수가 아프리카계 미국인 여성이었던) 전국복지권기구의 집중적인 노력으로 푸드스탬프 프로그램이 수정되었고, 복지 신청 절차의 신뢰성이 개선되었으며, 빈곤한 여성과 아이들이 이용할 수 있는 프로그램이 확대되었다. 그리고 전반적으로 노동이나 가족이 아닌, 충분한 자격을 갖춘 프롤레타리아 여성의 이름으로 지배계급에 맞서는 전투가 일어났다. 킹은 〈모이니한의 니그로 가족을 폐지하기Abolishing Moynihan's Negro Family〉에 이렇게 쓴다. "빈곤한 흑인 여성들이 스스로를 AFDC(부양 아동이 있는 가족에 대한 부조) 프로그램의 공적 지원을 받을 자격이 있는 가족으로 표현하고 분류하는 것은 분명 필요한 일"이었다. 이들은 동시에 "가족에 대한 사회과학적 담론을 통해 흑인 가족과 흑인에 대한 대상화"에 **맞섰다.**[87]

전국복지권기구를 설립하기 위해 뒤에서 힘쓴 서해안 지역 여성 중에는 스스로를 **가난하고 뚱뚱하고 복지에 의존하는 중년 흑인 여성**이라고 밝힌 조니 틸먼Johnnie Tillmon이 있었다. 틸먼은 1972년 잡지

《미즈Ms.》에 기고한 글에 이렇게 썼다. "이 나라의 많은 중간계급 여성들에게 여성해방운동이 관심의 문제라면, 복지에 의존하는 여성들에게는 생존의 문제다."

복지는 이 나라에서 가장 많은, 심지어는 (복지가 모방하고자 하는) 결혼보다도 많은 선입견이 작동하는 제도다. … AFDC는 집에 "신체 건강한" 남자가 있으면 부조를 받을 수 없다고 말한다. 아이들을 먹여야 하는데 이 남자가 직장을 얻지 못하면 집 밖으로 내보내야 한다.

복지는 대단히 성차별적인 결혼과 비슷하다. 한 남자 a man가 차지하던 자리를 **그** 남자the man [여기서는 국가를 말한다]가 대신한다. 하지만 그 남자가 못되게 굴어도 당신은 이혼할 수 없다. 물론 그는 당신과 이혼할 수도 있고, 원할 때는 언제든 당신과 관계를 끊을 수도 있다. 하지만 이 경우 아이를 데려가는 건 당신이 아니라 **남자**다. **그**가 모든 주도권을 갖는다.

일반적인 결혼에서 섹스는 남편을 위한 행위여야 한

다. AFDC에서 당신은 일절 섹스를 해서는 안 된다. 당신은 당신 몸에 대한 통제력을 포기한다. 그게 부조의 조건이다. 심지어는 더 많은 아이를 절대 갖지 못하도록 불임 시술을 받겠다는 동의를 해야 할 수도 있다. 그래야 복지수당이 끊기지 않을 테니.[88]

틸먼은 가족이 국가의 박해로부터 진정한 피난처라는 생각에 순응하기를 거부했다. 뿐만 아니라 임금노동이 자신이 속한 계급의 여성들을 해방시켜주리라는 생각 역시 거부했다. 많은 페미니스트들이 일자리를 얻는 데 역량을 집중하던 시기에, 틸먼과 그 동지들은 가사노동을 위한 임금이 그랬듯이 그저 돈을, 일하지 **않을** 자유를 요구했다. 착취적인 일자리, 쥐꼬리만 한 임금, 무례하고 가부장적이고 인색하기 짝이 없는 공공프로그램에 신물 나고 지친 복지운동가들은 거리로 나섰고, 복지센터 앞에서 피켓을 들었고, 법정을 가득 메웠다. 이들의 동력은 (윌슨 셔원과 프랜시스 폭스 피번의 표현을 빌리면) "여성의 삶이 더 이상 남편, 고용자, 정부 관료, 성직자에게 휘둘리지 않기를 바라는 열망"이었다.[89] 이들은 집에서 지낼 권리를 옹호하는 데 안주하지 않고 집에 있거나 노동하는 것이 여성이 선택할 수 있는 유일한 가능성이라는 생각에 도전했다.

　　　　1968년 전국복지권기구 부회장이자 말썽을 부리는 데 탁월한 뉴욕 시민인 벌라 샌더스Beulah Sand-ers는 마틴 루터 킹과 함께 (6주 동안 워싱턴몰에서 야영을 하는) 빈민의 캠페인Poor People's Campaign을 공동으로 조직했다. 1970년 5월에는 틸먼과 함께 건강교육복지부 청사에서 연좌 시위를 이끌었다. 시위 현장을 다룬 《뉴욕타임스》 기사에 따르면 샌더스는 로버트 H. 핀치 장관의 "가죽 의자에 '건강교육복지부 장관 대행' 직함을 단 채 '해방'의 일곱 시간 동안" 앉아 있었다.[90] 그는 이 의자에 앉아 미군의 동남아시아 점령을 끝낼 것을, 보편기복소득을 1년에 최소한 5500달러씩 지급할 것을 요구했다("가난한 사람들에게 품위 있게 살 수 있는 충분한 돈을 주고, 우리가 삶의 방식을 정할 수 있게 하라").[91] 마찬가지로 샌더스는 **상품화된 가사노동과 상품화되지 않은 가사노동** 모두를 향해 날을 세우며 1972년 이렇게 물었다. "집에서 요리하고, 설거지하고, 다림질하고, 청소하고, 아이들에게 이런저런 일을 하는 방법을 가르치고, 아이들이 숙제하는 걸 봐주는 여자를 게으르다고 하는 게 공정한가? 만일 이 여자가 시급 2달러 또는 그 이하를 받고 다른 사람을 위해 같은 노동을 한다면 처지가 정말 더 나은가? 내게 그 답을 알려달라."[92] 이 분석을 위해 나는 킹과 셔윈, 피번의 주장—전국복지권기구 내 일부는 보수적인 모성 중심적 주장을 근거로 돈을 요구했지만 그러지 않은 사람들도 많았다는 주장에 특히 큰 영감을 얻었다. 나는 전국복지권기구와 가사노동을 위한 임금이 '가난한 싱글맘의 필요와 욕구는 무엇인가'라는 질문에 모성주의적이지도 노동자주의적이지도 않은 설명을 함께 내놓았다는 점에서 가족 폐지론 조직으로 볼 필요가 있다고 생각한다.

21세기 트랜스 마르크스주의

1985년부터 2015년까지 30년 정도는 가족 폐지론이 소강 상태였다. 지금도 많은 이들이(자본주의에 반대하는 좌파까지도) 가족 폐지에 코웃음을 치지만,

잡지 《트리뷴》의 팟캐스트 '다른 정치이론'[93]과 《자코뱅》의 '더 디그'[94] 같은 사회주의 성향을 띤 토론장에서부터 바이스 미디어와 《뉴요커》 같은 주류 언론 매체와 예술갤러리들에 이르기까지 다양한 장에서 다시 한 번 진지한 대화가 만개하고 있다. 나는 프리랜서 저술가로 그런 자리에 서면서 코로나19로 악화된 돌봄 위기가 (일반 대중까지는 아니더라도) 편집자들이 사적인 핵가족에 대한 비판에 열린 태도로 귀를 기울이게 만드는 데 큰 역할을 했음을 확인할 수 있었다. (심지어 《뉴욕타임스》 칼럼니스트 데이비드 브룩스는 2020년 《더 애틀랜틱》에 〈핵가족은 실수였다〉는 글을 썼다. 비록 그는 가족 제도의 역사적 "실수"를 아주 살짝 바로잡고 싶어했을 뿐이긴 하지만 말이다.[95]) 나는 이미 마르크스주의적 트랜스페미니즘 입장을 녹여낸 가족 폐지 선언문을 발표한 적이 있기 때문에 이런 평가를 내리기에 그렇게 공정한 위치는 아닐 수 있다. 하지만 내가 보기에 '트랜스젠더 마르크스주의'와 '가족 폐지 페미니즘' 지지자들은 분명하게 재기의 동력을 모으고 있다.[96]

내가 아는 한 지금의 "물결"(이렇게 낙관적으로 불러도 된다면)은 앞서 언급했던 선언문 〈킨더코뮤니스무스〉가 발표된 2015년부터 시작됐다. 이 글은 모두를 먹이고, 궁핍을 척결하고, 자본주의가 부추기는 절망과 결핍이라는 마음가짐을 일소하게 될 사회적 재생산 제도인 "혁명적 탁아소"를 제안한다(줄스와 케이트는 그러려면 "공산주의 혁명이 전제되어야 한다"고 안타까워하며 지적한다).[97] 2018년 티파니 레타보 킹은 〈모이니한의 니그로 가족을 폐지하기〉에서 흑인의 세상 만들기 실천은 "인간으로 산다는 것이 무슨 의미인가를 다시 매만지고자 하는 노력을 약화시키는 지금의 범주 밖에서 삶을 상상해야 한다"고 주장하면서 가족 폐지론을 옹호했다.[98] 내 글[99]을 비롯해 글리슨,[100] 케이티 스톤,[101] 알바 고트비,[102] 소피 실버스타인,[103] 조 벨린스키,[104] 알리슨 에스칼란테[105] 등의 글이 곳곳에 게재되었고, 이 주제를 꾸준히 다루고 있는 M. E. 오브라이언의 글은 2019년부터 2021년까지 쭉 잡지 《코뮨》(〈가족을 폐지하는 여섯 단계〉), 《핑코》(〈돌봄을 공동체의 책임으로〉), 《엔드노트》(〈자본주의 발전에서 젠더 해방과 노동계급 가족〉)에 실렸다. 저명한 (반)노동 철학자 케이시 윅스는 2020년 시애틀을 중심으로 매년 개최되는 레드 메이 축제에 '가족을 폐지하라!' 패널로 참석하고[106] 그다음 해

페미니즘 이론에서 가족 폐지론이 갖는 현대적인 의미에 대한 학술논문을 발표해 나를 대단히 들뜨게 만들기도 했다.[107] 이탈리아, 덴마크, 노르웨이, 슬로베니아, 그리스, 네덜란드, 영국, 아일랜드, 포르투갈, 스위스, 브라질, 프랑스, 독일, 일본, 한국, 러시아, 스페인의 공부 모임, 상호 부조 집단, DIY 라디오 프로그램, 극단, 예술 집단, 자유대학에서 한 주 걸러 한 번 꼴로 자신들이 진행하는 "가족 폐지" 프로그램에 대해 알려주려고 내게 연락해 온다. 내가 브루클린사회연구소를 통해 진행했던 가족 폐지 공개강좌는 2021년에 이어 2022년 4월에도 정원을 초과하는 수의 신청자가 몰렸다.[108] 최근 스페인에서는 이라 히브리스Ira Hybris가 편집한 아름다운 선집《타락한 트랜스가 가족을 폐지하다Trans Degenerates Abolish the Family》가 출간되었다. 점점 탄력이 붙고 있다는 사실은 부정하기 힘들다. 예술계 역시 이 주장에 관심을 보이고 있다(예술계는 반군들의 무덤이 될 수 있다는 점에서 우려가 없는 건 아니지만 달가운 조짐이다).

　　21세기의 열망이 담긴 가장 최근의 선언 가운데 일부는 아름답게도 이 이야기의 시작점으로 다시 우리를 데려간다. 오브라이언에게 있어서 "샤를 푸리에는 유쾌하게 변태적인 공상과학 작가였고, 퀴어 친화적인 미래의 코뮌을 상상할 수 있는 영감을 제공했다." 그는 푸리에에 대한 짤막한 글에서 1600명 규모의 팔랑스테르를, 런던 중심의 모임 '세상의 성난 노동자들'이 2016년에 내놓은 "200~250명으로 이루어진 가정의 단위"에 대한 제안과 비교한다. 오브라이언은 성난 노동자들이 제안한 200명 정도의 규모가 "합리적이고 어쩌면 더 바람직하다고 느낀다"고 말한다. "200명은 작지 않은 크기의 아파트 건물 하나, 또는 학교나 다른 센터 하나를 중심에 놓고 모인 단독주택 여러 채, 또는 작은 아파트 건물로 이루어진 한 구역일 수 있다. 규모 있는 집단을 위한 조리의 흐름을 감안했을 때 공유 주방은 자연스러운 초기 크기를 결정할 것이다."

숨 막히는 반유토피아주의라는 지금의 조건을 감안하면 나는 가족 폐지의 설계도, 도전, 시간표, 하부구조, 정서를 구체적으로 제시함으로써 우리의 욕망을 알려나가는 것이 상당히 시급한 문제라고 생각한다. 오브라이언과 에만 압델하디Eman Abdelhadi는 함께 저술한 소설《모두를 위한 모든 것Everything For Everyone》(2022)에서 대단히 진지하게 이 과제에 매달린다.[109] 오브라이언이 밝히듯 필연적으로 혼란이 가득한 코뮌은 절대적인 조화를 위한 철저한 계획을 따르는 과정에서 등장하는 것이 아니라 "반란을 통해 즉각적으로 발생할 수 있다."[110]

가족의 대안도,
확장도 아닌

"가족에 대한 어떤 식의 비판이든 '그러면 그 자리를 뭐가 대신하는데?'라는 질문에 맞닥뜨린다. 지금으로서는 그 자리에 아무것도 놓지 않으면 좋겠다는 게 우리의 바람이다."

– 미셸 바렛, 메리 매킨토시[1]

경제위기와 팬데믹이 들이닥치자 역설적이게도 우리는 지푸라기처럼 빈약한 의지처가 소멸하기라도 할세라 누가 시키지 않아도 꼭 붙들려 한다. 가령 사적인 가정의 논리가 워낙 뿌리박혀 있어서 2020년 2월에는 코로나바이러스의 일차 방어선이 개인의 사유재산과 공식적인 혈육 명단이라는 말을 굳이 할 필요도 없었다. 코로나 팬데믹 대응에 있어서 국가의 전제는 투박할 정도로 분명했다. 바로 가족의 대안 같은 건 없다는 것이었다. 사람들은 (가족을 제외한 모든 사람으로부터) "사회적 거리"를 유지하고 "자택에서 대기하라"(자택이란 누구의 공간인가? 바로 가족의 공간이다)는 명령을 받았다. 신문들이 내건 표현처럼, 많은 성인들이 "부메랑처럼 돌아왔다." 팬데믹 기간 동안 부모의 집으로 되돌아온 것이다.[2] 하지만 재생산노동, (종종) 결혼, 가부장적인 부모 역할, 집세와 주택 담보 대출에서 비롯된 비대칭적인 권력이 지배하는 한정된 공간이 어떻게 건강에 이로울 수 있을까? 도처에 널린 가해자들은 아파트라는 사적인 공간에서 예상대로 파트너와 피부양자들을 들볶고 구타했지만 처벌받지 않는 일이 더 많아졌다. 물리적으로, 그리고 재정적으로 집을 탈출하기가 그 어느 때보다 힘들어졌기 때문이다.

그럼에도 대안이 없다는 것은 코로나19가 가족과 연을 끊은 사람, 집을 소유하지 않은 사람, 오갈 데 없는 사람, 수용시설에서 지내는 사람, 인터넷을 잘 이용하지 못하는 사람, 전부터 프라이버시가 별로 없던 사람들, 요컨대 우리가 흔히 홈리스라고 생각하는 사람들의 배제 및 주변화가 악화됐다는 의미였다. 자택 대기 명령이 떨어졌을 때 그 어떤 "자택"도, 지자체가 파악 가능한 소재지도 없는 사람은 심각한 문제에 직면한다. 내가 사는 도시에서는 약물을 사용하는 흑인 성노동 부랑자, 길거리의 젊은 퀴어들, 일반적인 무산계급들이 방역 지침을 따르지 않는다는 이유로 경찰에게 비인간적인 대우를 받았다. 그럼에도 특히 감옥과 소위 홈리스 쉼터에서 보고되는 높은 감염율을 감안했을 때, 이 도시에서 자신의 법적인 혈육들과 한 지붕 아래 잠을 자는 것이 전염병(이나 다른 악행)을 예방하는 데 도움이 되는지는 전혀 확실치 않았다. 사실 봉쇄 정책의 핵심이었던 실내라는 큰 틀과 동거인에 대한 집착은 깊이 들여다보면 허점투성이였다. 그 이면의 기준이었던 공/사라는 이중 잣대는 제대로 설명되지도 않았다.

　　　방역 지침은 혈육과 거주지 안에서 대기하라고 명령했다. 하지만 공적인 구역일 경우, 항상 부분적으로는 에어로졸 상태인 몸의 수증기들을 실외로 내보내기 위해 애써야 하고, 반대로 사적 구역에서는 실내에 머물게 해야 한다. 한 가구는 소유하거나 임대한 부동산 안에서 호흡과 죽음을 같이한다. 만일 당신이 일정한 거주지가 없고 상업화된 건물 사이의 틈새나 다리 아래, 공원에서 거주하는 사람이라면 바이러스 노출 위험이 아무리 적다 해도 당신은 방역 지침을 어기게 된다. 바이러스는 생면부지의 위험이다. 안전한 곳은 고립된 당신의 사적 영역뿐이다. 여름철 내내 야외 공간에서 반란을 도모하는 것도 안 된다.

나는 필라델피아 중심가에 있는 아름다운 프랭클린 파크웨이에서 몇 개월 동안 이어진 2020년의 텐트 시위로부터 나의 방향 감각을 원점으로 돌리는 배움을 얻었다. 캠프마룬, 캠프테디, 캠프 JTD[3] 등 다양한 이름으로 불린 이 시위대는 주방, 보급센터, 의료용 텐트, 약물 사용 보급점, 심지어는 입식 임시 샤워장까지 완비한 작은 마을이었다. 이 마을의 지도자는 오갈 데 없는 필라델피아인들과 노동계급 반란군이었는데, 100만 명 중에 한 명 나올까 말까 한 불굴의 인물 제니퍼 베네치Jennifer Bennetch(권력 안에서 편히 잠들기를)도 그중 하나였다.[4] 이 캠프 시위에는 무료 주택, 이주의 자유, 도시에 대한 권리 등을 위해 투쟁하며 텐트에서 옹기종기 모여 살고자 하는 수백 명이 함께했다. 심지어 변두리에 서 있던 나조차도 개조되는 기분이었다. 그 여름 나는 **자본과 제국에 착취당하는 모든 존재는 기본적으로 홈리스**라는 배움을 얻었다.[5] 우리는 모두 공유지에서 쫓겨났다. 어디서든 인간은 불모지에서 가능성과 안도와 상호성의 요람과 은신처를 빚어냈다. 하지만 집을 **집**답게 만드는 것은—집이라는 단어의 보편적이고 진정하며 새로운 의미에서―세계혁명이라는 실천이다.

펜실베이니아 주도 한가운데서 한 구역을 차지하고 벌어진 캠프 시위에서 이렇게 거창한 결론을 도출하는 건 조금 어안이 벙벙하게 느껴질 수 있다.[6] 하지만 유토피아를 꿈꾸며 도시 한편을 점거한 사람들이 만들어낸 대안적인 사회 세계를 단 며칠만 경험해보면 알 것이다. 사람들이 집단적인 자치, 상호 보호와 돌봄을 아주 조금 맛보면 갑자기 요구사항, 목표, 표적, 욕구의 목록이 단순한 "적정 가격의 주택"보다 훨씬 길고 야심만만해진다는 것을. 꿈만 같은 일이다. 그래서 오브라이언은 "가족을 폐지하기 위한 최선의 출발점"은 저항의 주방이라고 말한다. "안전을 위해 자발적인 공동 수면 지역을 만들어라. 공동 육아를 조직해서 부모들의 완전한 참여를 지원하라. 주사기 교환을 비롯한 위해 저감 활동을 통해 적극적인 마약 복용자들을 환대하라."[7] 거기서부터 확장하고, 확장을 중단하지 말라.

2020년 말이 다가오자 필라델피아시는 상당한 주택 관련 개선책을 마련한 뒤 캠프마룬을 강제 철거했다. 이 기억이, 그리고 시 전역에서 불타올랐던

조지 플로이드 시위의 기억이 희미해지기 시작할 무렵 미디어는 대면 관계가 완전히 단절된 채 집구석에만 처박혀 있어야 하는 고립된 삶이 마치 보편적인 현실인 양 호들갑을 떨었다. 팬데믹 보험금이 지급됨에 따라 수십만 명이 일단 한숨 돌리게 되었다. 의료노동자를 비롯해 희생양이 된 "전방의 노동자들"과 가정방문 돌봄 제공자들이 나가떨어지기 시작했다. 2021년이 이어지는 동안 거처가 분명하지만 공공 서비스를 제대로 받지 못한 학생과 노동자, 그중에서도 특히 유색인종의 자살이 늘었다. 봉쇄의 시대에 많은 사람들이 가족과 억지로 같이 지내야 하는 것보다 더 나쁜 운명, 자신을 돌봐줄 가족이 없다는 운명을 맞닥뜨렸다.

내가 이 글을 쓰고 있는 2022년 초는 직장을 그만두고 일을 멈추는 '대사직The Great Resignation' 또는 '대거부Great Refusal'라고도 하는 시기가 시작된 지 거의 1년이 된 시점이다. 미국의 많은 곳에서 강제임신을 지지하는 사람들*이 임신노동을 중단할 권리를 파괴하는 데 성공했다. 기독교-국가주의자들은 가령

● [옮긴이주] 임신중단에 반대하는 사람들을 말한다.

트랜스젠더의 아이들은 혈육과 관계를 끊는 게 낫다면서 광분 중이다(올해 텍사스 입법가들은 트랜스젠더를 긍정하는 육아를 아동학대와 동일시하고, 그것을 자녀 박탈의 근거로 삼자고 제안했다).[8] 가족에 대한 규율이 전열을 재정비하고 있다. 다음에는 무슨 일이 벌어질까?

지금까지 이 짧은 책은 가족 폐지론에 대한 정서적 공포와 정치적 가능성을 소개하고, 특정한 종류의 가족은 폐지하지 않아도 된다는 입장에 대한 반론을 제시하고, 오늘날로 이어지는 가족 폐지론의 역사를 살펴보았다. 이제는 당신이 가족을 "확대"하는 것이 아니라 넘어서는 것이 바람직하다는 데 동의하면 좋겠다. 다음 단계는 그 뜨거운 감자를 움켜쥐고 폐지가 현실에서는 무엇을 의미하는지를 고민하는 것이다. 그 대답은 놀라울 정도로 복잡하다. 아무리 이 단어가 최근 들어 전 세계에 방송되고 수십만 명의 발걸음을 통해 경찰서 바깥 아스팔트 위에 다시 한 번 커다란 글씨로 휘갈겨지고 있어도 말이다.

내가 서 있는, 아무래도 영어권 중심성이 나타날 수 있는 곳에서는 "폐지"라는 특정 단어가 대대적으로 다시 받아들여지게 된 것 같다. 우리는 폐지 열병의 순간에 접어들어 19세기에 마지막으로 나타났던 규모로 폐지론을 보편화했다. 이런 상승세는 미제국이라는 야수의 심장부에서 최소한 10년 동안 끓어오른 풀뿌리 운동과, 가령 팔레스타인의 투쟁 같은 여러 투쟁이 빚어낸 쾌거다. "감옥을 폐지하라", "이민세관 집행국을 폐지하라", "경찰을 폐지하라"는 대중 강령에 딸린 친숙한 요구이자 믿을 만한 개념이 되었다. 분명 일부 전문가들은 귀를 의심할 수 있다. **폐지가 뭘 의미하는지는 아는 거야!?** 표면적으로 이 질문에 대한 대답은 우스울 정도로 분명하다. 폐지론자들은 무엇을 원하는가? 폐지론자들은 폐지를 원한다. 무언가가 존재하지 않기를 원한다. 감옥의 부재를, 식민통치자들의 부재를 원한다. 경찰이 존재하지 않기를 바란다.

간단하지 않은가? 최초의 창시자와 현대의 철학자-운동가들의 의미를 따를 필요는 없다(이어 폐지라는 단어의 중대한 독일어 어원 Aufhebung을 살펴보긴 할 것이다). 독일 관념철학자 헤겔의 19세기 초 글들을 영어로 옮길 때 Aufhebung은 때로 "확실한 폐지"로 번

역되는데, 흥미롭게도 이 다소 딱딱한 용어는 고양, 파괴, 보존, 급진적인 변환이라는 개념을 모두 품고 있다. 이 네 구성 성분은 역사상 최초로 스스로를 "폐지론"이라고 칭한 급진적인 운동의 대상인 노예제를 가지고 설명할 수 있다. 전 세계에서 노예제 폐지 투쟁이 성공을 거뒀다는 것은 프랑스 혁명에서 터져 나온 인본주의라는 고매한 이상이 고양되고(정당성을 인정받고), 파괴되고(발각되어 수포로 돌아가고), 보존되고(미래를 위해 유지되고), 알아볼 수 없을 정도로 탈바꿈하게 된(원래 그것이 배제했던 사람들을 포용하지 않을 수 없게된) 과정을 모두 거쳤다는 뜻이다. 노예제는 먼저 법적으로 뒤집혔고 종국에는 실질적으로도 어느 정도 사라졌다. 하지만 우리는 이런 사건들을 이해하는 능력이 **싸우는 사람들에 의해** 만들어졌다는 사실을 알아야 한다. 이런 사건들이 발생하기 전, 노예를 거래하던 사회의 이상은 사실 인권, 생명, 자유, 행복의 추구**였다**. 세상은 이 이상을 당시 방식대로 멸시하다, 노예의 총구 앞에서 자칭 "자유"의 발명가들이 결국 진짜 자유(일단은, **더 진짜에 가까운** 자유)가 어떤 모습인지를 배우고 난 뒤에야 태도를 바꾸었다. 인본주의는 부정, 개조, 탄생, 매장, 연장의 과정을 거친 것이다. 폐지는 노예주에 맞서는 투쟁에서 승기를 거머쥠으로써 이런 사회가 거짓임을 폭로했고, 이 용감한 이상이 선언에 그치지 않도록 최초의 한 방을 추가했다.

이것이 내가 이해하는 Aufhebung이며, 다른 여러 사람이 있지만 그중에서도 루스 윌슨 길모어 Ruth Wilson Gilmore의 광범위한 가르침이 이런 이해에 큰 도움을 주었다. 감옥이나 경찰의 폐지는 단순히 어떤 시설을 없애는 문제가 아니다. 그것은 세계를 재구성하는 노력, 끝없는 집단 창조의 예술, 과거에는 허울뿐인 정의가 있던 자리에 진정한 정의를 실현시키는 과정으로 이해해야 한다. 길모어는 가장 기본적인 차원에서 폐지는 "무언가가 없는 상태가 아니"라고 말한다. "그것은 무언가가 존재하는 상태다. 진정한 폐지란 바로 그런 상태다."[9] 폐지를 실천하기 위해 우리는 "모든 것을 바꿔야" 한다.[10] 길모어는 혈연 문제에 초점을 두지 않지만, 폐지의 지평에 가족의 모든 것을 바꾸는 일이 포함된다는 데에는 의문의 여지가 없다. **가족이 필요하지 않다는 것은 무슨 의미일까?**

자, 투쟁은 어떤 식으로 전개되는가에 대한 이 간략한 생각에 비추었을 때, 가족의 파괴-보존-변환-실현으로 세분할 수 있는 가족 폐지에 대해 우리는 뭐라고 말할 수 있을까? 첫째, "전부를 바꾸는" 과정에서 가족은 (아무리 원치 않아도) 어떤 식으로든 변화를 겪지 **않을 수 없을** 것이다. 둘째로 가족 중심의 사회라는 거대한 비참함 속에 파묻힌, 이상적인 혈연관계에서 나타나는 해방적인 부분을 따로 지키고자 노력할 수 있다. 지금은 조롱거리지만 실현할 만한 가치가 있는 것은 무엇일까? 가족적이라고 뭉뚱그려진 형용사 안에서 유토피아적 잠재력을 가진 고갱이는 상호 돌봄, 상호 의존, 소속감인 듯하다. 비록 "배타성", "국수주의", "인종", "재산", "유전", "정체성", "경쟁"이라는 이름표가 달린 관 속에 묻혀 있긴 하지만 말이다. 일상생활에서는 느끼기 힘든 이런 이상적인 버전의 가족적 가치는 누구든 스치듯이나마 볼 수 있다. 이런 가치는 패션 광고에서부터 생태윤리 심포지엄에 이르기까지 온갖 곳에서 공허하게 되풀이된다. 우리 주변의 모든 것에서 가족의 변증법적 폭발을 일으킬 도화선을 일별할 수 있다. **우리 청소부 마리아는 가족이**

야,[11] 여기 올리브가든에서는 모두가 가족입니다, 우리 모두가 여기 트러스트항공에서는 가족입니다(우리가 보살피니까요), 인류라는 위대한 가족에게 안부를 전하자, 이 섬의 멸종위기 조류들이 우리 가족이라서 우린 30%를 재생에너지로 충당합니다, 지구상의 위대한 가족, 가족은 행동으로 드러난다, 형제애의 도시에 온 것을 환영합니다, 우린 모든 생명들이 피붙이처럼 연결되어 있다고 생각해.

개소리. 식당과 항공사의 직원이 당신을 너무 가족처럼 느낀 나머지 당신의 이름을 자기 학자금대출 보증인으로 적어 넣는다고 생각해보라. 혈육 Kinship™이라고 하는 패션소매업체(의 웹사이트는 현재 "우리가 공유하는 유대감"을 추켜세우면서 "우리가 모두 혈육"이라고 말한다)가 뭐 하러 당신을 위해 주거지 퇴거 변론에 참석하겠는가? 청소부 마리아가 원할 경우 가족관계증명서에 이름을 추가할 수 있으려면 어떤 변화가 있어야 하는지 생각해보라. 그런 다음 가족관계증명서라는 게 정말로 필요한지 자문해보라. 이런 사고실험이 웃기다고 생각할 수도 있지만 우리는 하나의 가치로서 혈연이 그렇게까지 중요하지 않을 가능성을 고려해야 한다. 좀 더 단도직입적으로 말하자면 나는 윤리적으로든 정치적으로든 혈연관계가 우리에게 제공하는 것들을 딱히 좋아하지 않는다. 그게 크게 유익하지 않다고 생각한다. 오히려 더 나은 가능성을 가로막고 있다면 몰라도.

오해는 하지 말았으면 한다. 나는 혈연에 대한 보편에 가까운 욕구가 돌봄 욕구를 가능케 한다는 것을 분명히 알고 있다. 내가 비판하는 것은 집단 차원의 돌봄 욕구가 아니라, 이 욕구를 실현하기 위해 우리가 마음대로 쓸 수 있는 수단이 너무 부족하다는 사실이다. 혈연의 정의를 둘러싼 복잡한 인류학적 논쟁 혹은 혈연을 정의하는 게 중요한지 여부에 대한 인류학적 논란은 차치하고, 여기서 내가 하려는 말은 최소한 지금 당장의 혈연관계는 항상 삭제 불가능하다고 상상하는 무언가, 즉 "자연"을 언급하는 말로 사용된다는 것이다. 어쩌면 어느 날엔가 이 개념에 부합하는 용도가 다시 나타날 수도 있다. 자연 개념이 대대적으로 뒤집어진다면 말이다. 하지만 지금으로서는 아무리 실천 중심으로 개념화한다 해도(많은 선주민들의 우주론에서 그러하듯) 혈연관계는 관계의 토대에 해당하는 비

우발적인 무언가를 언어적으로 건드리는 역할을 한다. 그래서 이렇게 묻는 것이다. 비우발적인 무언가에 대한 이 환상을 중단할 수는 없을까? 우리가 그걸 손에서 놓을 수 있을까?

나 자신의 페미니즘을 형성하는 데 많은 영향을 미친 철학자이기도 한 도나 해러웨이는 21세기 이전부터 "혈연 만들기kinmaking"를 지지하지 않았다. 오히려 그 반대였다. 1997년 해러웨이는 "나는 혈연과 '가족'으로 결속을 다지는 게 신물 나 죽을 지경"이라고 말했다.

그리고 우정, 노동, 부분적으로 공유하는 목적, 집단의 만성적인 고통, 헤어날 수 없는 필멸성, 불굴의 희망에 뿌리를 둔 연대, 인류의 단결과 차이의 모델을 갈망한다. 만사가 정체성과 재생산의 드라마에서 비롯되지 않는, '익숙하지 않은unfamiliar' 무의식, 다른 태고의 현장을 이론화할 때가 되었다. 피를 통한 연결—유전자와 정보라는 주화로 다시 주조된 피를 포함해서—은 이미 충분히 피투성이다. 나는 우리가 혈연과 다른 차원의 무언가를 통해 인류를 생산하는 방

법을 배우기 전에는 인종적이거나 성적인 평화도, 살아낼 만한 자연도 없을 거라고 믿는다.[12]

내가 이 책에서 "제도로서의 가족에 반대하는 진짜 가족" 노선에 대해 논조를 바꾸듯(이는 해러웨이가 후하게 평가해준 《이제는 완전한 대리모 제도를》에서부터 이야기하기 시작한 중요한 입장이다), "혈연 만들기"에 대한 해러웨이의 최근 연구는 혈연의 물질적 기호학에 대한—그것을 넘어선—자신의 결론들과 거리를 둔다. 이게 처음은 아니지만 나는 초기의 해러웨이 쪽에 표를 던진다.[13]

전 세계와 그 속에 있는 모든 존재를 아우르고자 하는 급진적 가능성을 지닌 열망에도 불구하고, 혈연이라는 가치는 기능적으로 쓸모가 없다는 게 내 생각이다. 현 시점에서 그것은 단지 제도로서의 가족을 치장하는 귀여운 포장지일 뿐이다. 그 안을 파고들면 **물보다 더 진한 피**는 항상, 그리고 어쩌면 필연적으로 혈연 담론의 핵심 지시사항이자 근원적인 은유로 자리 잡고 있다. 따라서 가족 폐지론을 진지하게 받아들이려면 혈연 중심의 사고와 관행과 언어를 헐겁게

하고, 몰아내고, 털어버리려는 우리 모두의 비상한 노력이 필요하다. 이건 간단한 주장일 뿐, 이미 다른 사람들이 더 함축적으로 제시한 바 있다. "'가족'이 별다른 역할을 하지 않는 세상을 상상하기 힘들게 만드는 것은 혈연관계, 사랑, 좋은 음식을 확보하는 것이 자연스럽고 불가피하게 서로 엮여 있다는 믿음이다."[14] 알아차렸는지 모르겠지만 이는 바렛과 매킨토시의 말이다. 이들은 "가족이 있던 자리에 무엇을 놓겠는가"라는 질문에 "아무것도 놓지 않겠다"라는 놀라운 대답을 내놓았다.

우리가 손을 맞잡으면 분명 가족 이후에 찾아올 아무것도 없음의 풍요 속으로 용감하게 걸어 들어갈 수 있다.

고맙지만 사양하겠다고? 자본주의의 돌봄 위기라는 늪 속에는 충분한 지뢰들이 도사리고 있지 않은가? 종국에 우리는 사랑하는 이들에게 훨씬 심한 비상사태를 포용하라는 주문을 하지 않을 수 없다! 나는 확신한다. 돌봄 부족 사태가 이렇게나 심각한데 우리가 알고 있는 것 가운데 당장 서로를 안심시킬 수 있는 방법은 우리의 사랑이 비우발적이라는 듯이 행동하는 것뿐이라는 사실을. 내가 당신은 나의 "가족"이라고 말하거나, 내가 당신을 "혈육"으로 여긴다고 말할 때 여기에는 "나는 당신을 사랑해, 당신을 아끼고 있어, 당신의 안전을 위해 힘쓸 거야, 당신은 내 거야, 난 당신을 알아" 같은 의미도 있지만 이 문제에서 내게는 선택의 여지가 없다는 의미의 은유를 사용해 이 사실을 강조하는 것이기도 하다. 나는 당신에게 형이상학적인 측면에 얽매인 **보증서(우리는 혈연이다)**를 내어주는 것이다. 그리고 이건 기분 좋은 일이다! 최소한 기분을 좋게 만들려고 하는 말이다. 하지만 이 사고 구조 전반에는 동지적 관계와는 거리가 먼 위계질서가 분명하게 굳어져 있다. **진짜** 혈육은 항상 더 현실적이다.

　　혈연관계를 있는 힘껏 온 세계로 확장하자고 이야기할 수도 있다. 혈연관계가 주어진 것이 아니라 **만들어진** 것이고, 그럼에도 우리가 중시하는 무언가라면 굳이 "선택된"이라는 형용사를 붙일 필요가 없을 것이다("선택된 혈연관계"나 "선택된 가족"처럼). 어차피 이때 말하는 혈연관계는 정부가 공인해주거나(결혼이나 후견인 지위를 근거로), 유전적 관련이 있거나 핏줄에 얽매인 것으로 이해되지 **않을** 테니까.

　　　우리는 더 날카로운 개념, "동지적 관계"나 "공모자" 같은 개념이 필요하다. 혹은 뭔가 중간적인 걸 원한다면 아직 친숙하게 사용되는 고영어표현 "근족과 혈연kith and kin"에서 폐어가 된 앞단어를 되살리는 방법도 생각해볼 수 있다. "근족"이라는 개념은 존재 사이의 역동적인 관계, "혈연"과 비슷한 유대를 지칭하지만, 그 근거는 인종, 혈통, 정체성보다는 지식, 실천, 장소이다. (매킨지 워크는 〈혈연이 아닌 근족을 만들자!Make Kith, Not Kin!〉라는 에세이에서 근족이라는 단어에 포함된 "친구, 이웃, 지역 주민, 관습 같은 모호한 의미들"에 대해 이야기한다.[15]) 우리가 근족의 의미를 다시 익히고, 혈연관계의 중심성을 살포시 가장자리로 밀쳐내면서 그 자리에 근족 개념이 크게 포개지도록 시도해보면 어떨까? 언어만을 가지고 가족을 해체할 수는 없겠지만 언어적인 것은 물질적인 것과 떼려야 뗄 수 없기도 하다(그리고 나는 이 장에서 정책적인 개입 방안을 쥐어 짜낼 준비도 되어 있지 않다). "서로를 가족처럼 대하기"를 중단할 때 얼마나 많은 인간애가 만들어질지를 놓고 우리는 놀랄지도 모른다. 동시에 패트리샤 힐 콜린스는 혈연관계의 언어 및 사고구조—"오빠/형/남동생", "언니/누나/여동생", "엄마", "아버지", "아이"—가 해방 전통에 너무 두드러진 자리를 차지하고 있어서, "그것을 대놓고 거부하는 것은 위계질서에 저항하고자 하는 집단에게 오히려 역효과를 가져올 것"이라고 올바르게 지적한다.[16] 여기에 안락한 전략 같은 건 없다. 엘런 윌리스의 주장처럼 "자유롭지만 동시에 책임이 따르는 사랑을 위해 투쟁하기를 거부하는 것은 어떤 의미에서는 사랑 그 자체의 가능성을 부정하는 것"[17]이다.

혈연관계의 언어를 대놓고 거부할 필요는 없다. 대신 집단 차원에서 거기에 회전력을 가하기 시작할 수 있다. 혈연과는 무관한 의존과 필요와 지원의 구조를 구축하면서, 우리의 "생물학적 가족" 구성원을 포함한 근족 또는 더 바람직하게는 동지가 되는 실천에 들어갈 때다.

돌봄, **나눔**, **사랑**은 현재로서는 혈연관계 속에서만 추구하고, 의지하고, 기대하는 행위들이다. 이는 인위적이고 난해한 방식으로 불충분을 조장하는 비극으로 귀결되고, 유토피아에 대한 우리의 욕구를 거의 무용지물로 형해화시켰다. 린다 고든은 "아이들이 누군가 또는 누군가들에게 속하지 않은 사회를 상상하는 건 아주 아주 힘들다. 아이들을 국가의 재산으로 만드는 건 전혀 개선책이 되지 못할 것이다. 국가가 운영하는 대규모 어린이집도 그 대답이 아니다"라고 썼다. 우리에게 대답이 있는가? 자본주의적 축적 바깥에 놓인 관계가 어떤 모습인지 알기는 하는가? 루 코넘은 "만일 지금 그 대답이 없다면 내일까지 조금 강구해보자"고 말한다.[18] 내일까지 조금 찾아보면서 동시에 케이시 웍스의 말처럼 "가족 폐지론이 요구하는 급진적인 구조 변화라는 긴 게임에 복무한다는 것이 무슨 의미인지, 우리가 지금과는 다른 미래를 실현하는 데 일조하는 행위자 중 하나라도 그 세상을 완전히 욕망하는 주체가 아닐 것이고, 어쩌면 그렇게 될 수 없으리라는 의미는 아닐지" 곰곰이 들여다보자.[19] 우리가 지금 자녀라고 부르는 사람들의 "비옥"하거나 "일탈적인" 몸은 현재로서는 난폭할 정도로 퀴어혐오가 심한 가족주의의 표준이자 전쟁터이며, 이 기나긴 변화의 중심에는 이들이 서야 한다.

롤라 올루페미는 디아스포라적인 흑인 혁

명 페미니즘에 대한 찬가《만일을 상상하는 실험Exper-iments in Imagining Otherwise》[20]에서 "핵가족은 아이들을 재산으로 탈바꿈한다"고 적는다. 이를 절박한 문제로 마음에 새겨두면서 롤라가 말한 "가족과 우리가 사는 건물, 먹는 음식, 우리가 받는 교육의 방향을 전환하고 이런 것들을 공짜로 만들어서 희생이나 후회나 생물학적 충동이나 젠더화된 소외가 불가능한 방식으로 아이를 양육할 가능성"의 문을 열자.[21] 노파심에 덧붙이자면 특히 어린 사람들과 이들의 동반자가 지구상에 임의로 그어진 선을 넘도록 도움을 받는 게 아니라 서로 찢어져서 수천 명씩 수용하는 닭장 같은 곳에 들어가게 되는 "가족의 분리"에 대해서는 저항하는 게 좋다. 강제적인 가족 재결합도 항상 좋을 수는 없고 경우에 따라 어떤 사람들에게는 치명적일 수도 있지만, 국경을 사이에 두고 생이별시키는 기법들은 가족 제도의 심장과도 같다. 국경의 고문은 혈연관계를 짓밟고 심지어는 표적 삼는다. 국민국가의 인정을 받기만 하면 가족이라는 성역은 국가의 존중을 받는다는 환상에 부분적으로 일조하기 위해. 국경 수비대는 가족을 폐지하는 게 아니라 오히려 가족 제도의 주요 집행자들이다. 그러므로 가족 제도에 맞서는 싸움은 다양한 모습으로 나타날 수 있다. 가령 "외부인"의 "합법적인" 가족을 찍어 누르고 있는 국가의 군홧발을 치우는 일이 될 수도 있고, 같은 가족에 있는 퀴어 꼬마에게, 그가 필요로 한다면 부모에게 맞서 연대의 손을 내미는 것일 수도 있다.

우리는 이 두 가지를 동시에 해야 한다. 그러니까 국가가 특히 의지처가 필요한 사람들을 자기가 인정하는 몇 안 되는 돌봄제공자들의 품으로 돌려보내도록 만드는 동시에, 민간에 내맡겨진 돌봄에 반기를 들고, "부모의 권리"에 저항하고, 모든 사람이 다수의 돌봄을 받는 게 정상인 세상을 상상하기를 멈추지 않아야 하는 것이다. **가족이 함께 지내기**와 **가족의 분리를 중단하는 것**은 정치적 과제이자 자기 인종의 이익에만 머무르지 않는 모든 백인의 실천적 요구사항이지만 그게 우리의 지평은 아니다. **인간으로서 함께 지내기**와 **인간**의 분리를 중단하는 것, 이것이 상상 가능한 미래의 모습이다. 적어도 아직까지는 우리가 그것을 완전히 욕망하지 못하더라도 말이다. 어떻게 해야 그것을 완전히 욕망할 수 있는지는 모르겠지만, 가족 제도 이후에 무엇이 나타날지 너무나도 궁금하다. 어쩌면 그게 뭐든 내가 알 길이 없을지 모른다는 것도 안다. 그래도 나는 그런 날이 오면 좋겠고, 그것이 찬란하고 풍요로운 아무것도 없음이면 좋겠다.

그치만 난 우리 가족을 사랑한다구!

1 King, Tiffany Lethabo, 2018. "Black 'Feminisms' and Pessimism: Abolishing Moynihan's Negro Family," *Theory & Event* 21(1): 68-87.

2 모든 게 가능하다는 걸, 성별 구분과 함께 가족은 뿌리 뽑아야 한다는 걸 때로 누구보다 강하게 주장했던 슐라미스 파이어스톤은 1970년 누이 라야에게 쓴 편지에서 자신의 자아를 해체할 의향이 별로 없다고 밝혔다. "나는 혁명이 워낙 임박해서 내 심리 구조 전체를 뜯어고칠 만하다고 믿지 않아." Susan Faludi, "Death of a Revolutionary," *The New Yorker*, April 8, 2013, newyorker.com에서 인용.

3 Anne McClintock, *Imperial Leather*, New York: Routledge, 1995, 45. 다음도 보라. Patricia Hill Collins, "It's All in the Family: Intersections of Gender, Race and Nation," *Hypatia* 13(3): 62-82, 1998. 콜린스는 매클린톡의 주장을 미국의 맥락으로 확장한다. "가족은 그것이 상징하는 상상 속의 이해관계의 통합체 내부에서 위계를 강화하는 동시에 숱한 사회적 위계의 기초를 놓는 적절한 '가족 가치'의 집합을 그 구성원들에게 사회화시키리라는 기대를 받는다."(64)

4 Mario Mieli, *Towards a Gay Communism*, transl. Evan Calder

Williams. London: Pluto, 2018, 5.

5 Melinda Cooper, *Family Values: Between Neoliberalism and the New Social Conservatism*, New York: Zone Books, 2017, 1.

6 이 지점에 대해 Andreas Chatzidakis, Jamie Hakim, Jo Littler, Catherine Rottenberg, Lynne Segal은 "너 자신과 가장 가까운 혈육만 보살펴야 한다는 신자유주의의 고집은 최근 전 세계에서 고개를 들고 있는 극우포퓰리즘의 도약대 중 하나인 편집증적인 '각자도생care for one's own'으로도 귀결된다"고 지적한다. The Care Collective, *The Care Manifesto: The Politics of Interdependence*, London: Verso, 2020.

7 시모어의 지적에 따르면 아서는 사회복지사에게 직접 이야기할 수 있었음에도 도움을 줄 위치에 있는 기관들은 "부모의 의견을 따르는 경향이 있다. 이들은 가족을 덩어리로 묶으려는 편향을 보인다. …이들 자신의 가족 경험, 교육, 노동시장으로부터의 보수를 바탕으로 자녀는 거의 모든 자원, 사랑, 돌봄을 기껏해야 부모 두 사람이 제공할 수 있는 것에 의지해야 한다는 것이 기본적인 시각이다. 그게 규칙이다. 계급은 이런 식으로 전승된다. 그리고 이것은 아동의 안전을 보장하는 최적의 상황과는 거리가 멀다." Richard Seymour, "Naming Your Laws After Dead Children," Patreon, December 10, 2021, patreon.com.

8 시모어는 이 책이 언론에 홍보되면서 소셜미디어에 대소동이 일어나자 가족 폐지론에 대해 이렇게 쓴다. "그건 사회주의 좌파 쪽에서 유서 깊은 전통을 찾을 수 있는 아이디어로, 토론할 만한 가치가 있다. 좌파 운동가들의 소부르주아적 정서가 아니다. 얼뜨기들의 배부른 소리가 아니다. 짝퉁 급진주의 허세 떨기가 아니다." Richard Seymour, "Notes on a Normie Shitstorm," Salvage, January 27, 2022, salvage.zone.

9 Ursula K. Le Guin, 2004, "All Happy Families," 33–45 in *The Wave in the Mind: Talks and Essays on the Writer, the Reader, and the Imagination*, Boulder, CO: Shambhala.

10 Michèle Barrett and Mary McIntosh, *The Anti-Social Family*,

London: Verso Books, 1991, 48.

11 Emily Oster, *The Family Firm: A Data-Driven Guide to Better Decision Making in the Early School Years*, New York: Penguin, 2021, 90.

12 M. E. 오브라이언은 《엔드노트》에 실린 에세이 〈가족을 폐지하기〉에서 노동자운동의 가족임금 요구를 심도 있게 다룬다. 오브라이언은 이렇게 요약한다. "이 가족 형태(즉 남성 가장 또는 '가정주부를 근간으로 하는')는 생활수준 개선과 수백만 노동계급의 생존에서, 그리고 안정된 근린 조직을 꾸리고 사회주의 투쟁을 지속하며 주요한 정치적 승리를 위한 기틀을 잡는 데 있어서 막대한 승리였다. 또한 노동자운동이 룸펜프롤레타리아, 흑인노동자, 퀴어와 스스로를 차별화하는 수단이기도 했다."

13 재앙과 인류세 담론에서 위험에 처한 "성스러운 아이"에 대한 긴요한 분석은 다음을 보라. Rebekah Sheldon, *The Child to Come: Life After the Human Catastrophe*, Minneapolis: University of Minnesota Press, 2016. 소아과가 어떻게 아동의 몸을 대상으로 타고난 성을 성정체성에 고착시키고 인종 관념을 드러내는지에 대해서는 다음을 보라. Jules Gill-Peterson, *Histories of the Transgender Child*, Minneapolis: University of Minnesota Press, 2018.

14 Sally Rooney, *Beautiful World, Where Are You*, New York: Farrar, Straus and Giroux. 이에 대한 예리한 리뷰는 다음을 보라. Sarah Brouillette, "The Consolations of Heterosexual Monogamy in Sally Rooney's Beautiful World, Where Are You," *Blind Field*, September 30, 2021.

15 "돌봄 파업"을 중심으로 자본주의하 가사노동에 대한 호러영화의 이론화를 분석한 중요한 작업으로는 다음을 보라. Johanna Isaacson, *Stepford Daughters: Tools for Feminists in Contemporary Horror*, Philadelphia: Common Notions, 2022. 그 외의 텍스트로는 다음이 있다. Isaacson's essay "Riot Horror" in *Theory & Event*, 2019; Dana Heller's *Family Plots*, University of Pennsylvania, 1995; Barry K. Grant's edited collection *The Dread of Difference*:

Gender and the Horror Film, University of Texas, 1996; Miranda Brady's article "'I think the men are behind it': reproductive labour and the horror of second wave feminism," *Feminist Media Studies*, 2021.

16 Tony Williams, *Hearths of Darkness*, University Press of Mississippi, 1996.

17 O'Brien, M. E., "6 Steps to Abolish the Family," Commune, December 30, 2019. communemag.com.

18 Hardt, Michael, 2017. "Red Love," *South Atlantic Quarterly*, 116 (4), 781.

어떤 가족을 폐지한다는 거야?

1 Hortense Spillers, "Mama's Baby, Papa's Maybe: An American Grammar Book," diacritics 17(2): 64 –81, 1987, 80.

2 Tiffany Lethabo King, "Abolishing Moynihan's Negro Family," 2018, 69.

3 King, 2018, 69.

4 Alexis Pauline Gumbs, China Martens, and Mai'a Williams (eds.) *Revolutionary Mothering: Love on the Front Lines*, Oakland: PM Press, 2016; Carol Stack, *All Our Kin: Strategies for Survival in a Black Community*, New York: Harper and Row, 1974.

5 Jennifer Nash, "The Political Life of Black Motherhood," *Feminist Studies* 44(3): 699 –712, 2018, 11. 이 주제를 책 한 권으로 늘린 내시의 작업은 다음을 보라. *Birthing Black Mothers*, Durham: Duke University Press, 2021.

6 Alexis Pauline Gumbs, "'We Can Learn to Mother Ourselves': The Queer Survival of Black Feminism," PhD dissertation, Duke University, 2010, 63.

7 Hazel Carby, "White Woman Listen! Black Feminism and the

Boundaries of Sisterhood," 45–53 in Heidi Mirza (ed.) *Black British Feminism: A Reader*, London: Routledge, 1997, 47.

8   King, 2018, 86.

9   King, 2018, 70.

10   Ibid.

11   Barrett and McIntosh, *The Anti-Social Family*, London: Verso Books, 1991, 42.

12   Kathi Weeks, "Abolition of the Family: The Most Infamous Feminist Proposal," *Feminist Theory*, May 2021.

13   Weeks, "Abolition of the Family," 4.

14   Paul Gilroy, "It's a Family Affair: Black Culture and the Trope of Kinship," in *Small Acts: Thoughts on the Politics of Black Cultures*, London: Serpent's Tail, 1993, 207.

15   Gilroy, "It's a Family Affair," 207.

16   Kay Lindsey, "The Black Woman as a Woman," in Toni Cade Bambara, ed. *The Black Woman: An Anthology*, New York: Washington Square Press, 1970, 106.

17   Pat Parker, "Revolution: It's Not Neat or Pretty or Quick," 238–242 in Moraga and Anzaldúa (eds.), *This Bridge Called My Back: Writings by Radical Women of Color*, New York: Kitchen Table/Women of Color Press, 1981.

18   Lola Olufemi, @lolaolufemi_, February 26, 2020. twitter.com/lolaolufemi_/status/1232597074295840770.

19   Annie Olaloku-Teriba, @annie_etc_, November 14, 2021. twitter.com/annie_etc_/status/1459982438856380432.

20   Fred Moten and Stefano Harney, the undercommons: Fugitive Planning and Black Study, Brooklyn: Autonomedia/Minor Compositions, 2013.

1   Gay Liberation Front: "Manifesto," 1971, revised 1978, source-books.fordham.edu.

2   Anca Gheaus, 2018, "What Abolishing the Family Would Not Do," *Critical Review of International Social and Political Philosophy*, 21:3, 284 – 300.

3   가령 다음을 보라. Gheaus, 2011, "Arguments for Nonparental Care for Children," *Social Theory & Practice* 37(3): 483 – 509; Véronique Munoz-Dardé, 1999, "Is the Family to Be Abolished Then?" *Proceedings of the Aristotelian Society* 99 (1): 37 – 56; Sophia Harrison, 2003, "Is Justice within the Family Possible?" UCL Jurisprudence Rev. 265. 정치철학자이자 이론가인 Miranda Sklaroff의 훨씬 선명한 논의는 2021년 블로그 포스트 "Mother Wars"를 참고하라. politicaltheoryan-dapeony.com/2021/05/25/mother-wars.

4   19세기 유토피아적 페미니스트들의 주방 없는 건축 계획에 대해서는 다음을 보라. Dolores Hayden, "Two Utopian Feminists and Their Campaigns for Kitchenless Houses," *Signs* 4(2): 274-290, 1978. 더 일반적으로 페미니즘적인 도시성에 대해서는 다음을 보라. Dolores Hayden, *The Grand Domestic Revolution: A History of Feminist Designs for American Homes*, Neighborhoods, and Cities, Boston: MIT, 1981.

5   Dominic Pettman, "Get Thee to a Phalanstery: or, How Fourier Can Still Teach Us to Make Lemonade," Public Domain Review, 2019. publicdomainreview.org. 이 놀라운 분석의 어떤 지점에서 펫맨은 패트레온[클라우드 펀딩 방식으로 창작자를 지원하는 플랫폼]에 의지하는 나 같은 독자로부터 아래와 같은 불편한 깨달음을 이끌어낸다. "(푸리에의) 글은 그의 급진 이론에 관심을 가진 상대적으로 부유한 사람들, 지금으로 따지면 좌파 성향의 패트레온이나 킥스타터 후원자들의 후원에 힘입었다."

6 Jonathan Beecher, *Charles Fourier: The Visionary and His World*, University of California Press, 1986, 12.

7 푸리에주의 공동체 운동에 대해서는 다음 일부 연구를 참고하라. Amy Hart, *Fourierist Communities of Reform: The Social Networks of Nineteenth-Century Female Reformers*, London: Palgrave Macmillan, 2021; Juan Pro, "Thinking of a Utopian Future: Fourierism in Nineteenth-Century Spain," *Utopian Studies* 26(2): 329–348, 2015; Carl Guarneri, *The Utopian Alternative: Fourierism in Nineteenth-Century America*, Ithaca: Cornell UP, 1996; Richard Pankhurst, "Fourierism in Britain," *International Review of Social History* 1(3): 398–432, 1956; Megan Perle Bowman, "Laboring for Global Perfection: The International Dimension of Mid-Nineteenth-Century Fourierism," PhD dissertation, UC Santa Barbara, 2013.

8 펫맨은 푸리에에 대해 이렇게 말한다. "거의 선택의 여지없이 항상 사람들과 어울리면 그 자체로 예외 없이 깊고 흔들림 없는 행복감이 일어난다고 믿었던 걸 보면, 이 사상가는 한 번도 집단주택에 살거나 위원회에 참석해야 할 필요가 없었던 게 분명하다."

9 McKenzie Wark, 2015, "Charles Fourier's Queer Theory," Verso Books, versobooks.com.

10 Pettman, 2019.

11 Gareth Stedman Jones and Ian Patterson eds., *The Theory of the Four Movements*, Cambridge: Cambridge University Press, 2016, 128. 푸리에가 쓴 글의 더 많은 발췌문은 다음을 보라. Jonathan Beecher and Richard Bienvenu, eds., *The Utopian Vision of Charles Fourier: Selected Texts on Work, Love, and Passionate Attraction*, Boston: Beacon Press, 1971.

12 선주민과 옛 노예들에게 "정착민들의 섹슈얼리티"—퀴어 정착민 섹슈얼리티를 포함해서—와 근대적인 가족을 강제한 역사를 훌륭하게 설명한 많은 글 가운데 일부는 다음과 같다. Kim TallBear, "The US-Dakota War and Failed Settler Kinship," *Anthropology*

News, Vol 57, issue 9, 2016; Priya Kandaswamy, *Domestic Contradictions: Race and Gendered Citizenship from Reconstruction to Welfare Reform*, Durham: Duke University Press, 2021; Nick Estes, *Our History is the Future: Standing Rock Versus the Dakota Access Pipeline, and the Long Tradition of Indigenous Resistance*, New York: Verso, 2019; Mark Rifkin, *When Did Indians Become Straight?: Kinship, the History of Sexuality, and Native Sovereignty*, Oxford: Oxford University Press, 2011; and Scott L. Morgensen, *Spaces between Us: Queer Settler Colonialism and Indigenous Decolonization*, Minneapolis: University of Minnesota Press, 2011.

13   Kim TallBear, "Disrupting Settlement, Sex, and Nature," Future Imaginary Lecture Series, Montréal-Concordia, transcript archived at Indigenous Futures, 2017, indigenousfutures.net.

14   Raymond Fogelson, "On the 'Petticoat Government' of the Eighteenth-Century Cherokee," in Jordan and Swarts (eds.), *Personality and the Cultural Construction of Society*, Tuscaloosa: University of Alabama Press, 1990.

15   가령 다음을 보라. Mark Rifkin, *When Did the Indians Become Straight? Kinship, the History of Sexuality, and Native Sovereignty*, Oxford: Oxford University Press, 2010.

16   Lillian Faderman, Woman: The American History of an Idea, New Haven: Yale University Press, 2022, 43. 41쪽부터 43쪽이 핸섬레이크 조례를 다룬다.

17   가령 다음을 보라. Driskill, Finney, Gilley and Morgensen, eds., *Queer Indigenous Studies: Critical Interventions in Theory, Politics, and Literature*, University of Arizona Press, 2011. 특히 남성의 모유 수유에 대해서는 다음을 참고하라. Elspeth Martini, "'Visiting Indians,' Nursing Fathers, and Anglo-American Empires in the Post-War of 1812 Western Great Lakes," *The William and Mary Quarterly* 78(3): 459-490, 2021.

18   Lou Cornum, "Desiring the Tribe," Pinko, October 15, 2019. pinko.online.

19   Tera Hunter, *Bound in Wedlock: Slave and Free Black Marriage in the Nineteenth Century*, Cambridge: Harvard, 2017; Katherine Franke, *Wedlocked: The Perils of Marriage Equality*, New York: NYU, 2015; Brenda Stevenson, "Slave Family and Housing," in *Black and White*, ed. Ted Ownby, Jackson: University of Mississippi, 1993.

20   Cathy Cohen, "Punks, Bulldaggers, and Welfare Queens: The Radical Potential of Queer Politics?" GLQ 3 (4): 437–465, 1977; Alexis Pauline Gumbs, "We Can Learn to Mother Ourselves: The Queer Survival of Black Feminism 1968–1996," Duke University, PhD dissertation, dukespace.lib.duke.edu, 2010.

21   J. M. Allain, 2014, "Infanticide as Slave Resistance: Evidence from Barbados, Jamaica, and Saint-Domingue," Inquiries Journal/Student Pulse 6.04.

22   O'Brien, M. E., "To Abolish the Family," Endnotes, vol. 5, 2020, 375.

23   윅스는 결혼이라는 "양날의 검"에 대한 테라 헌터Tera Hunter의 관찰을 이렇게 요약한다. "한편으로 (결혼은) 분명 어느 정도의 법적, 경제적 보호막을 제공했다. 다른 한편으로 해방노예국은 플랜테이션 시스템에서 소작 시스템으로의 전환을 가능케 하는 가족농업의 주력 부대로서의 핵가족을 구성하는 동시에, 옛 노예들에 대한 더 이상의 책임에서 정부를 해방시키기 위한 수단으로 결혼을 활용했다. 이는 재산권에 근거한 관계 내에서의 또 다른 결속 양식을 상징했다." Kathi Weeks (2021) 4.; citing Tera Hunter, *Bound in Wedlock: Slave and Free Black Marriage in the Nineteenth Century*, Cambridge: Harvard, 2017, 222, 234, 304.

24   집에 있는 남자 규정에 대해서는 다음을 보라. Wilson Sherwin and Frances Fox Piven (2019) "The Radical Feminist Legacy of the National Welfare Rights Organization," WSQ 47(3–4):

135–153.

25   Saidiya Hartman, *Wayward Lives, Beautiful Experiments: Intimate Histories of Riotous Black Girls, Troublesome Women, and Queer Radicals*, New York: Norton, 2020.

26   "To Abolish the Family," 376.

27   Joseph Déjacque, "The Revolutionary Question" (1948), translated by Paul Sharkey, in *Disruptive Elements: The Extremes of French Anarchism*, Creative Commons: Ardent Press, 2014.

28   로버트 오언의 "뉴 래나크" 협동조합 실험에 대해서는 다음을 보라. Barbara Taylor, *Eve and the New Jerusalem: Socialism and Feminism in the Nineteenth Century*, London: Virago Press, 1983.

29   이 관계에 대해서는 가령 키부츠인임을 자처하는 인물의 이 논의를 보라. Avraham Yassour, 1983, "Communism and Utopia: Marx, Engels, and Fourier," *Studies in Soviet Thought* 26(3): 217–227.

30   Karl Marx and Friedrich Engels, ed. C. J. Arthur, 1970, *The German Ideology*, New York: International Publishers, 50.

31   Karl Marx and Friedrich Engels, The Communist Manifesto.

32   Richard Weikart, 1994, "Marx, Engels, and the Abolition of the Family," *History of European Ideas* 18(5): 657–672, 669.

33   Gleeson, Jules Joanne, and Kate Doyle Griffiths, "Kinderkommunismus: A Feminist Analysis of the 21st-Century Family and a Communist Proposal for Its Abolition," Ritual magazine/Subversion, 2015, isr.press/Griffiths_Gleeson_Kinderkommunismus/index.html.

34   China Miéville, *A Spectre Haunting*, London: Head of Zeus, 2022.

35   Alexandra Kollontai, 1971 [1920], "Communism and the Family," in Selected Writings of Alexandra Kollontai, ed. Alix Holt, London: Allison & Busby.

36 Hardt, Michael, 2017. "Red Love," *South Atlantic Quarterly*, 116 (4), 792.

37 이 부분의 사실들은 주로 다음을 참고했다. Cathy Porter, *Alexandra Kollontai: A Biography*, London: Virago, 1980.

38 Selected Writings of Alexandra Kollontai, 291.

39 Kollontai, 1971 [1926], The Autobiography of a Sexually Emancipated Communist Woman, ed. Iring Fetscher, transl. *Salvador Attansio*, New York: Herder and Herder, 38.

40 "알렉산드라 콜론타이와 러시아 혁명의 유토피아적 상상"(2017)에서 MD Steinberg는 알렉산드라의 에로틱하고 정서적인 유토피아주의를 다음과 같은 놀라운 관점으로 옹호한다. "그는 인류가 규범적인 경제법칙과 필수성이라는 금지된 경계를 뛰어 넘어 자유의 세계로 넘어가게 해주는 공산주의 사회의 가능성을 탐색했다." Vestnik of Saint Petersburg University – History 62(3): 436–448.《붉은 사랑》선집의 편집자는 Michele Masucci, Maria Lind, Joanna Warsza이다. (Berlin: Sternberg Press).

41 Dora García, Love with Obstacles (Amor Rojo), Berlin: k-verlag, 2020.

42 Dora García, "Revolution, Fulfill Your Promise!" at Amant Foundation, Brooklyn, NY, Feb. 5–Apr 17, 2022. Two films by García were screened: *Si Pudiera Desear Algo (If I Could Wish for Something)*, 2021, and *Love Without Obstacles*, 2020, both produced by Auguste Orts. More information can be found at amant.org; and in Liza Featherstone's essay about the exhibition, "A New Generation of Radicals Is Rediscovering Alexandra Kollontai," Jacobin, March 31, 2022, jacobinmag.com. See also Featherstone, "Eros for the People: Alexandra Kollontai's Sex-Positive Bolshevism," *Lux*, Issue 1, January 2021. lux-magazine.com.

43 Hardt, 2017. "Red Love," 789. 하트는―콜론타이의 친구이자 공식적인 소련 전기작가 Anna Itkina가 전달한―레닌의 말이 다음에 인용된다고 밝힌다. Cathy Porter, *Alexandra Kollontai:*

The Lonely Struggle of the Woman Who Defied Lenin, The Dial Press, 1980, 337.

44 내가 추린 파이어스톤 관련 글의 상단에는 Madeline Lane-Mc Kinley, "The Dialectic of Sex, after the Post-1960s," *Cultural Politics* 15(3): 331-342, 2019이 있다. 이 글에서 매들린은 《성의 변증법》을 피어시, 딜러니, 버틀러, 르 귄을 포함하는 SF 물결의 일부로 독해해야 한다고 주장한다. "《성의 변증법》은 최초의 내재적 비판이라기보다는 두 번째 물결의 급진페미니즘 경전의 모범 사례라는 문제적인 자리에 놓여 있었다." 다음도 빼놓을 수 없다. Victoria Margree, *Neglected or Misunderstood: The Radical Feminism of Shulamith Firestone*, London: Zer0 Books, 2018, 그리고 Kathi Weeks, "The Vanishing Dialectic: Shulamith Firestone and the Future of the Feminist 1970s," *South Atlantic Quarterly* 114 (4): 735-754, 2015. 최근 나 역시 5장의 심각한 인종주의(와 전반적인 프로젝트의 백인 중심성)를 반대하며 파이어스톤을 원형적인 트랜스 사이보그적 유토피아주의자로 독해하는, 준열하면서도 눈물겹게 사랑 넘치는 몇 편의 헌정 글을 발표했다. Sophie Lewis, "Shulamith Firestone Wanted to Abolish Nature—We Should, Too," *The Nation*, July 14, 2021, thenation.com; Sophie Lewis, "Low-Tech Grassroots Ectogenesis," brand new life, April 2, 2021, brand-new-life.org; Sophie Lewis, "Disloyal Children of Shulamith Firestone: Updating Gestational Utopianism for the Twenty-First Century," *Interference journal*, vol. 2, 2021. 나는 브루클린사회연구소에서 모두에게 공개된 《성의 변증법》 온라인 수업을 진행한다. thebrooklyninstitute.com.

45 Firestone, Shulamith, *The Dialectic of Sex: The Case for Feminist Revolution*, London: Verso, 2012 [1970].

46 물론 파이어스톤은 가차 없었다. "서머힐은 양육에 대한 '급진적인' 접근법이 아니라 자유주의적인 접근법이다. 친절하고 품위 있는 교육자인 닐은 … 부모에게 거기로 보낼 정도의 돈과 자유주의적인 관점이 있는, 현 시스템의 피해자들을 위한 작은 피난처를 마

런한 것이다." *The Dialectic of Sex*, 216.

47 *The Dialectic of Sex*, 215.

48 체외발생에 대한 상상의 역사와 가능한 임신장치 주도의 바이오백 혁명에 대한 나의 생각은 다음을 보라. Sophie Lewis, "Do Electric Sheep Dream of Water Babies?" Logic, 8, August 3, 2019, logicmag.io.

49 *The Dialectic of Sex*, 242.

50 Linda Gordon, "Functions of the Family," *WOMEN: A Journal of Liberation*, 1 (2): 20 – 23, 1969.

51 Sophie Lewis, "Shulamith Firestone Wanted to Abolish Nature—We Should, Too," 2021.

52 토니 케이드의 1970년 선집 《흑인 여성》에는 가족에 반대하는 글이 여러 편 실려 있다(주목할 만한 저자로는 오드리 로드와 케이 린지가 있다). 1970년 2월 옥스퍼드 러스틴 칼리지에서 열린 여성해방 컨퍼런스에 500명의 여성이 참여했는데, 여기서 많은 연사들이 아이가 "우리(부모/성인)로부터 스스로를 해방"시키면 좋겠다는 바람과 페미니즘의 핵심 원리를 표명했다. 이후 1980년대 초 상황에 대한 관점은 다음을 보라. Lynne Segal, ed. *What Is to Be Done About the Family?* Harmondsworth: Penguin, 1983. 전 지구적인 백래시 와중에도 케이트 밀렛은 아동해방에 대한 더 급진적인 입장을 발전시켜 1984년에 탈성애화는 "성인이 아동을 통제하는 방식"이라고 썼다. "Beyond Politics: Children and Sexuality," in *Pleasure and Danger* ed. Carole Vance, Routledge.

53 Kate Millett, *Sexual Politics*, 33.

54 Cheryl Clarke, "Lesbianism: An Act of Resistance," in Moraga and Anzaldúa (eds.), *This Bridge Called My Back: Writings by Radical Women of Color*, New York: Kitchen Table/Women of Color Press, 1981, 141 – 151.

55 Kathi Weeks, "Abolition of the Family: The Most Infamous Feminist Proposal," *Feminist Theory*, May 2021.

56 Ellen Willis, "The Family: Love It or Leave It," The Village Voice,

September 17, 1979, villagevoice.com.

57 여기서 말하는 "적색-갈색"은 슬프게도 그렇게 이례적이지 않은 "인간 말종 같은 좌파의" 궤적을 말한다. 이 경우의 예시는 영국의 철학자이자 자칭 "끄트머리 숙녀edgelady" 니나 파워Nina Power다. 한때 마르크스주의 페미니스트로 알려졌던 이 열혈 반트랜스 반동분자는 2022년 반자유주의("제3의 길" 또는 좌-우, 또는 적색과 갈색—나치의 갈색셔츠 같은—보수주의라고도 알려진)를 전문적으로 다루는 온라인 플랫폼 컴팩트Compact에 "어째서 가부장제가 필요한가"라는 제목의 글을 발표했다. 문제의 글은 가부장제를 칭송하는 파워의 책《남자들은 무엇을 원하는가?: 남성성과 그 적들What Do Men Want?: Masculinity and Its Discontents》의 주장을 개괄하고 있다.

58 Lynne Segal (ed.) *What is to be done about the Family?—Crisis in the Eighties*, Penguin Books/Socialist Society, 1983.

59 Barrett and McIntosh, 1991, 80.

60 Barrett and McIntosh, 1991, 171.

61 이런 뒷걸음질의 두드러진 두 사례는 다음과 같다. "여성해방운동은 미국의 가족을 허물어뜨리려는 게 아니다."(글로리아 스타이넘) "페미니스트가 '가족을 허물어'뜨리려 했던 적은 없다. 우린 가족이 워낙 좋은 생각이라서 남자들도 거기 같이 참여하면 좋지 않을까 생각했던 것뿐이다."(바바라 에런라이크)

62 "증오"를 인류의 적이라는 위치에 놓는 것에 대한 비판(온라인상에서 임신중지 반대자들에게 내가 직접 당해본 집단 공격에 대한 설명을 통해)은 다음을 보라. Sophie Lewis, "Hello to My Haters: Tucker Carlson's Mob and Me," Dissent, 2020. dissentmagazine. org. 광범위한 천주교 포퓰리스트들과 리처드 시모어가 말한 "일반" 사회주의자들은 "가족 폐지"라는 표현이나 나의 책《이제는 완전한 대리모 제도를》(또는 최소한 그 제목)에 진심 어린 증오를 담아 반응했고, 그건 충분히 있을 수 있는 일이다. 약간의 사례로는 다음이 있다. Mary Harrington, "Return of the Cyborgs," *First Things*, January 11, 2022; Angela Nagle, "Products of Gestational

Labor," *The Lamp*, 2020; Michael McCaffrey, "머리만 큰 좌파가 부모를 악마화하고 가족을 폐지하고 싶어한다. 그건 갓난애가 내는 짜증에 지적인 외피만 입혀놓은 것과 똑같다," RT, 2020; Kimberly Ellis, "가족 사랑은 문명의 토대다," MercatorNet, 2021; Freddie De Boer's substack (freddiedeboer.substack.com), December 29, 2021.

63 파이어스톤의 먹히든 말든 식의 (하지만 많은 경우 먹히는) 급진 페미니즘적 마르크스주의는 "여자는 사랑을 위해 살고 남자는 일을 위해 산다"는 심리학을 사칭하는 클리셰 이면의 물질성을 탐구했다. 캐이시 윅스의 지적에 따르면 21세기에는 이 표현이 이제 우리 모두는 우리의 일을 사랑해야 하고 심지어 일과 지속적으로 애정을 주고받아야 한다는 식으로 뒤틀린다. 페미니즘 내에서의 혁명적인 (반)사랑과 반노동 전통 일부에 대해서는 다음을 보라. Jennifer C. Nash, "Practicing Love: Black Feminism, Love-Politics, and Post-Intersectionality," *Meridians* 11 (2): 1–24, 2011; Kathi Weeks, "Down with Love: Feminist Critique and the New Ideologies of Work," *Women's Studies Quarterly*, 45(3 & 4): 37–58, 2017.

64 *The Dialectic of Sex*, 90.

65 Susan Faludi, "Death of a Revolutionary," *The New Yorker*, April 8, 2013. newyorker.com.

66 이 말을 내게 전해준 사람은 로리 히리스Lori Hiris다. 나와 의견이 일치하지 않음에도 오랜 시간 통화하며 파이어스톤의 말년 인생에 대한 이야기를 나누어준 히리스에게 감사를 전한다.

67 Shulamith Firestone, *Airless Spaces*, Los Angeles: Semiotext(e), 1998.

68 Dayna Tortorici는 이 많은 헌사들 중 일부를 모아서 n+1에 실었다. "In Memoriam: On Shulamith Firestone", n+1, issue 5, Winter 2013. nplusonemag.com.

69 Adrienne Rich, *Of Woman Born: Motherhood as Experience and Institution*, New York: Norton, 1986. "어머니 중심의 페미니즘"을

연구하는 캐나다 학자 안드레아 오라일리Andrea O'Reilly는 가령 자신이 편집한 선집 *From Motherhood to Mothering: The Legacy of Adrienne Rich's Of Woman Born*, New York: SUNY Press, 2004에서 "모성에 반대하는 모성수행" 원칙이 리치의 핵심적인 정치적 유산이라고 주장했다. 나는 이 변증법을 트랜스페미니즘과 가족폐지론으로 확장하려는 이론적 시도를 해보았다. Lewis, Sophie, "Mothering against motherhood: doula work, xenohospitality and the idea of the momrade," *Feminist Theory* (Online First), January 10, 2022. doi.org/10.1177/14647001211059520. 이 에세이의 앞선 버전은 2020년 Salvage Quarterly에 발표되었다.

70   Audre Lorde, in "Eye to Eye: Black Women, Hatred, and Anger," *Sister Outsider: Essays and Speeches*, Berkeley: Crossing Press, 1984, 173.

71   Michael Bronski, "When Gays Wanted to Liberate Children," Boston Review, June 8, 2018. bostonreview.net.

72   저항적인 퀴어성이 등장할 수 있는 물질적 또는 계급적인 조건, 급진페미니즘적인 남성 게이 "이페미니즘Effeminism"의 역사, 남성 게이운동의 전반적인 탈-이페미니즘화의 동인에 대한 관심 등 게이해방운동의 다양한 측면은 다음을 보라. Emily Hobson, *Lavender and Red: Liberation and Solidarity in the Gay and Lesbian Left*, Berkeley: University of California Press, 2016; Sherry Wolf, *Sexuality and Socialism: History, Politics, and Theory of LGBT Liberation*, London: Haymarket, 2009; Alan Sears, "Queer Anti-Capitalism: What's Left of Lesbian and Gay Liberation?" *Science & Society*, 69(1): 92–112, 2005; John D'Emilio "Capitalism and Gay Identity," in *Culture, Society and Sexuality*, London: Routledge, (1983 [2006]); David Paternotte, "Tracking the Demise of Gay Liberation Ideals," *Sexualities* 17(1/2): 121–138, 2014; Jeffrey Edwards, "AIDS, Race, and the Rise and Decline of a Militant Oppositional Lesbian and Gay Politics in the US," *New Political Science*, 22:4, 485–506, 2000.

73 이 역사에 대해서는 가령 다음을 보라. Screaming Queens: The Riot at Compton's Cafeteria (2005) dir. Victor Silverman and Susan Stryker, 57min; and Susan Stryker, *Transgender History*, New York: Seal Press, 2008.

74 스타하우스에 대해서는 다음을 보라. Stephan Cohen, *The Gay Liberation Youth Movement in New York: "An Army of Lovers Cannot Fail,"* New York: Routledge, 2007; "Sylvia Rivera" in the archives of Zagria (A Gender Variance Who's Who), zagria. blogspot.com; Reina Gossett의 웹사이트, reinagossett.com; Untorelli Press가 발행한 잡지, Street Transvestite Action Revolutionaries: Survival, Revolt, And Queer Antagonist Struggle, 2013; Leslie Feinberg, "Street Transvestite Action Revolutionaries," Workers World, 2006, workers.org.

75 Carl Wittman, "Refugees from Amerika: A Gay Manifesto," 1970, historyisaweapon.com.

76 이 동맹에 대한 더 많은 내용은 다음을 참고하라. Abram Lewis, "'We Are Certain of Our Own Insanity': Antipsychiatry and the Gay Liberation Movement, 1968 – 1980," *Journal of the History of Sexuality* 25(1): 83 – 113, 2016.

77 다음에서 인용. Jacques Girard, Le mouvement homosexuel en France 1945 – 1980, Paris: Syros, 1981. FHAR의 가족폐지론에 대한 더 자세한 내용은 Carole Roussopoulos가 만든 26분짜리 단편 다큐멘터리 〈F.H.A.R.〉(1971)를 추천한다. mubi. com.

78 Gay Liberation Front: "Manifesto," 1971, revised 1978, source-books.fordham.edu.

79 "보스턴 게이해방전선은 다음 내용을 1972년 민주당 정강에 넣을 것을 촉구한다"로 시작되는 열 가지 요구사항은 마이클 브론스키의 에세이 〈게이가 아동해방을 원했을 때When Gays Wanted to Liberate Children〉의 끝부분에 실려 있다.

80 아동해방에 대한 더 많은 내용은 다음을 참고하라. Shulamith Firestone, *The Dialectic of Sex*; Joan Chatfield-Taylor, "A Child's

View of Kids' Lib," *San Francisco Chronicle*, November 23, 1976; David Gottlieb, ed. *Children's Liberation*, Englewood Cliffs: Prentice Hall, 1973; Richard Farson, *Birthrights*, New York: Macmillan, 1974; Beatrice Gross and Ronald Gross, eds., *The Children's Rights Movement: Overcoming the Oppression of Young People*, New York: Anchor Books, 1977; John McMurtry, "The Case for Children's Liberation," *Interchange* 10(3): 10−28, 1979; Kate Millett and M. Blasius, "Sexual revolution and the liberation of children," *The Age Taboo: Gay Male Sexuality, Power and Consent*, 1981; Isobelle Barrett Meyering, "Liberating Children: The Australian Women's Liberation Movement and Children's Rights in the 1970s," Lilith, 19: 60−75. 2013.

81 알렉시스 폴린 검스는 이 순간과 그 파장을 다음에서 강렬하게 고찰한다. "m/other ourselves: A Black queer feminist genealogy for radical mothering," Revolutionary Mothering: Love on the Front Lines, eds. Gumbs, Williams, and Martens, Oakland: PM Press, 2016; 그의 박사학위 논문 " 'We Can Learn To Mother Ourselves': The Queer Survival of Black Feminism," Duke University, 2010. dukespace.lib.duke.edu.

82 내가 사는 지역의 한 육아집단에 대한 정보를 원한다면 다음을 방문해보라. Philly Childcare Collective, phillychildcarecollective. com. 게이해방운동과 여성해방운동의 남성 육아 집단의 유산을 연결하는 오늘날의 네트워크 웹사이트로는 다음을 방문해보라. The Intergalactic Conspiracy of Childcare Collectives(ICCC), intergalactic-childcare.weebly.com.

83 가사노동을 위한 임금 관련 문헌으로는 다음이 있다. Selma James, *Sex, Race and Class: The Perspective of Winning*, PM Press, 2012; Mariarosa Dalla Costa, *Family, Welfare, and the State: Between Progressivism and the New Deal* (2nd edition), Philadelphia: Common Notions, 2021 [1983]; Louise Toupin, *Wages for Housework: A History of an International Feminist Movement*,

1972–77, London: Pluto Press, 2018; Silvia Federici and Arlen Austin, eds. *Wages for Housework: The New York Committee 1972–1977: History, Theory, Documents*, Oakland: PM Press, 2017.

84   Silvia Federici, *Revolution at Point Zero: Housework, Reproduction, and Feminist Struggle*, PM Press, 2012, 3.

85   Silvia Federici, *Wages Against Housework*, Power of Women Collective and Falling Wall Press, 1975.

86   NWRO에 대한 분석과 그 역사에 대해서는 다음을 보라. Wilson Sherwin and Frances Fox Piven (2019) "The Radical Feminist Legacy of the National Welfare Rights Organization," WSQ 47(3-4): 135–153; Holloway Sparks (2016) "When Dissident Citizens Are Militant Mamas: Intersectional Gender and Agonistic Struggle in Welfare Rights Activism," *Politics and Gender* 12(4): 623–47; Mary Triece, *Tell It Like It Is: Women in the National Welfare Rights Movement*, Columbia: University of South Carolina, 2013; Premilla Nadasen, *Rethinking the Welfare Rights Movement*, New York: Routledge, 2011; Felicia Kornbluh, *The Battle for Welfare Rights: Politics and Poverty in Modern America*, Philadelphia: University of Pennsylvania, 2007; Annelise Orleck, *Storming Caesar's Palace: How Black Mothers Fought Their Own War on Poverty*, Boston: Beacon Press, 2006; Premilla Nadasen, *Welfare Warriors: The Welfare Rights Movement in the United States*, New York: Routledge, 2005; Guida West, "Women in the Welfare Rights Movement: Reform or Revolution?" 91–108 in *Women and Revolution: Global Expressions*, ed. Marie Diamond, Dordrecht: Springer, 1998.

87   King, "Abolishing Moynihan's Negro Family," 77.

88   Sherwin and Piven, "The Radical Feminist Legacy of the National Welfare Rights Organization."

89   Sherwin and Piven, "The Radical Feminist Legacy of the National

Welfare Rights Organization."

90　당황하고 달갑잖은 공포심에 질린 《뉴욕타임스》 기자는 "복지해 방운동가" 오데사 싱글턴 부인Mrs. Odessa Singleton, 아이린 깁스 부인Mrs. Irene Gibbs, 로즈 토마스 부인Mrs. Rose Thomas의 비행을 "적진 한가운데서 전투 훈련을 하는 게릴라 부대와 소풍 나온 여학생들을 섞어놓은 모습"이라고 묘사했다. Richard Rogin, "Now It's Welfare Lib," *The New York Times*, September 27, 1970, 31, nytimes.com.

91　Kornbluh 2007, 1.

92　Beulah Sanders, "Speech to NCC, Houston, Dec 1972," Guida West Papers, Smith College Archives, Box 11, folder 1, transcript. Cited in Colleen Wessel-McCoy (2019) " 'If we fail in our struggle, Christianity will have failed': Beulah Sanders, Welfare Rights, and the Church," Kairos Center, kairoscenter.org.

93　알렉스 도허티Alex Doherty가 진행하는 '다른 정치이론Politics Theory Other', 특히 35화("이제는 완전한 대리모 제도를")와 102화("코로나19는 가족에 대해 무엇을 알려주는가"). 다음 주소를 방문하라. soundcloud.com/poltheory-other or patreon.com/poltheoryother.

94　Daniel Denvir, "Abolish the Family with Sophie Lewis," The Dig, July 11, 2019, thedigradio.com.

95　Kim Brooks, "Parenting in Utopia," The Cut, January 11, 2022, thecut.com; Katie Tobin, "Why Young People Are Turning to Platonic Marriages: Abolishing the Family," Huck, January 13, 2022, huckmag.com; Marie Solis, "We Can't Have a Feminist Future Without Abolishing the Family," Vice, February 20, 2020, vice.com; Jessica Weisberg, "Can Surrogacy Remake the World?" *The New Yorker*, December 11, 2019, newyorker.com; David Brooks, "The Nuclear Family Was a Mistake," *The Atlantic*, March 15, 2020, theatlantic.com. 주류 문학지에 가족 폐지에 대한 글을 쓰는 공산주의적 페미니스트의 사례로는 다음을 보라. Madeline

Lane-McKinley, "Unthinking the Family," *LA Review of Books*, June 10, 2019, lareviewof-books.org.

96　이 신생 분야가 어떤 의미를 가지는지를 이해하고자 하는 독자들은 우선 줄스 조앤 글리슨의 글 (가령 *Hypocrite Reader*, *Blind Field Journal*에 실린)을 읽어보거나, 아래의 비범한 세 선집을 정독하기를 권한다. *We Want It All: An Anthology of Radical Trans Poetics*, ed. Kay Gabriel and Andrea Abi-Karam, Brooklyn: Nightboat Books, 2020; *Transgender Marxism*, ed. Jules Gleeson and Elle O'Rourke, London: Pluto Press, 2021; and *Las Degeneradas Trans Acaban Con la Familia*, ed. Ira Hybris, Madrid: Kaótica Libros, 2022.

97　Jules Joanne Gleeson, and Kate Doyle Griffiths, "Kinderkommunismus: A Feminist Analysis of the 21st-Century Family and a Communist Proposal for Its Abolition," Ritual magazine/Subversion, 2015.

98　King, Tiffany Lethabo, "Black 'Feminisms' & Pessimism: Abolishing Moynihan's Negro Family," *Theory & Event* 21 (1): 68–87, 2018.

99　Sophie Lewis, "The Family Lottery," *Dissent*, Summer 2021. dissentmagazine.org; Sophie Lewis, "Low-Tech Grassroots Ectogenesis," brand new life, April 2, 2021. brand-new-life.org; Sophie Lewis, "Houses Into Homes," UCHRI Foundry, July 2020. uchri.org; Sophie Lewis, "Mothering Against the World: Momrades Against Motherhood," Salvage, September 18, 2020. salvage.zone; Sophie Lewis, "Covid-19 Is Straining the Concept of the Family. Let's Break It." *The Nation*, June 3, 2020. thenation.com; Sophie Lewis, "The Satanic Death-Cult is Real," *Commune*, August 28, 2019.

100　즉, Gleeson's contribution to the "Full Surrogacy Now Mini-symposium" at the Verso Blog, 4 June 2019, versobooks.com.

101　Katie Stone, "Strange Children: Childhood, Utopianism, Science

Fiction," PhD thesis, Birkbeck, University of London, 2021. 케이트 스톤이 가족 폐지론을 주장하며 뱀파이어에 대해 쓴 에세이도 보라. "Hungry for Utopia: An Antiwork Reading of Bram Stoker's Dracula," *Utopian Studies*, 32 (2):296–310, 2021.

102   Alva Gotby, "They Call it Love: Wages for Housework and Emotional Reproduction" PhD thesis, University of West London, 2019 (repository.uwl.ac.uk); Alva Gotby, "Liberated Sex: Firestone on Love and Sexuality," MAI, April 18, 2018, maifeminism.com.

103   Sophie Silverstein, "Family Abolition Isn't about Ending Love and Care. It's About Extending It to Everyone," openDemocracy, April 24, 2020, opendemocracy.net.

104   Zoe Belinsky, "Gender and Family Abolition as an Expansive and not Reductive Process," Medium, September 11, 2019, medium.com.

105   Alyson Escalante, "The Family is Dead, Long Live the Family," Cosmonaut, March 11, 2020.

106   "Abolish the Family!," Red May 2020, with Kathi Weeks, Sarah Jaffe, M. E. O'Brien, Will McKeithen, and Sophie Lewis, youtube.com.

107   Kathi Weeks, "Abolition of the Family: The Most Infamous Feminist Proposal," *Feminist Theory*, May 2021.

108   "What is Family Abolition" with Sophie Lewis, The Brooklyn Institute for Social Research, thebrooklyninstitute.com.

109   M. E. O'Brien and Eman Abdelhadi, *Everything for Everyone: An Oral History of the New York Commune, 2052–2072*, Philadelphia: Common Notions, 2022.

110   O'Brien, "Communizing Care."

가족의 대안도, 확장도 아닌

1   Barrett and McIntosh, *The Anti-Social Family*, 158.

2   "Adults Moved Back In with Their Parents During the Pandemic. But Did They Regret It?" *The Guardian*, October 10, 2021. theguardian.com.

3   캠프 JTD라는 이름은 노동자혁명집단Workers Revolutionary Collective의 공동 창립자인 고故 제임스 탈립-딘 캠벨James Talib-Dean Campbell 동지를 기리기 위해 잠시 채택되었다.

4   필라델피아 최고의 퇴거 박살 전사(이자 필라델피아 주택청의 골칫덩어리) 제니퍼 베네치는 2022년 겨우 36세의 나이에 코로나에 목숨을 잃었다. 베네치가 2020년 봉기가 진행되는 동안 공동으로 조직한 캠프 시위의 연대표는 다음 선집을 참고하라. *How We Stay Free: Notes on a Black Uprising*, eds. Christopher R. Rogers, Fajr Muhammad, and the Paul Robeson House & Museum, Philadelphia: Common Notions, 2022.

5   캠프마룬은 "집을 집답게 만드는 건 애석하게도 혁명뿐"이라는 관찰을 끌어낸 과정이었다. Sophie Lewis, "Houses into Homes," UCHRI Foundry, July 2020. uchri.org.

6   집 없는 사람들의 2020년 필라델피아 캠프 시위에 대해 더 많은 내용은 다음을 참고하라. It's Going Down, 2021, "Squatting, Rebellion, Movement: An Interview With Philadelphia Housing Action," itsgoingdown.org; Madison Gray, 2020, "How The Philly #HousingNow Encampment Movement Prompts Us to Reimagine A Right to Contract," lpeproject.org; Chris Gelardi, 2020, "A Movement for Housing Justice Is Camped Out on Philly Streets," The Nation, thenation.com.

7   M. E. O'Brien, "Six Steps to Abolish the Family," Commune, December 30, 2019. communemag.com.

8   2022년 봄 트랜스 자녀와 임신중지권에 대한 기독교-민족주의 성향의 조직적인 공격에 대해서는 다음을 볼 것. Jules Gill-Peter-

son, "We, the Abuser State," Sad Brown Girl (substack), February 23, 2022, sadbrowngirl.substack.com; Melissa Gira Grant, "The Law Alone Can't Halt the Christian Right's Crusade Against Abortion and LGBTQ Rights," The New Republic, April 6, 2022, newrepublic.com.

9   Ruth Wilson Gilmore, "Abolition Feminism," 161–178 in Brenna Bhandar and Rafeef Ziadah, *Revolutionary Feminisms: Conversations on Collection Action and Radical Thought*, London: Verso, 2020.

10   Ruth Wilson Gilmore, ed. Naomi Murakawa, *Change Everything: Racial Capitalism and the Case for Abolition*, London: Haymarket, 2022.

11   "우리집 가정부는 가족이야" 식의 발언과 관련하여, 가사노동에 저항하는 임금, 살인자 유모, 신데렐라/파멜라 서사, 그리고 2019년~2021년에 출간된 몇 편의 베스트셀러 소설과 회고록—메건 스택Megan K. Stack의 《여자의 일Women's Work》, 라일라 슬리마니Leïla Slimani의 《완벽한 유모The Perfect Nanny》, 스테파니 랜드Stephanie Land의 《메이드Maid》—과 넷플릭스 미니시리즈 〈조용한 희망Maid〉(몰리 스미스 메츨러 감독)에 나타난 상업화된 가사노동에 대한 묘사를 주제 삼은 나의 2021년 에세이를 참고하라. 내가 런던대학교 현대여성연구소의 글쓰기 세미나 시리즈에서 2022년 3월에 발표한 이 글의 강연판은 유튜브 '고등학문 학교School of Advanced Study'에서 볼 수 있다. "'WHO CARES' In Contemporary Women's Writing & Film, Session 1: Care, (Geo)politics, and the Social," youtube.com. Sophie Lewis, "How Domestic Labor Robs Women of Their Love," *Boston Review*, October 28, 2021, bostonreview.net.

12   Donna Haraway, *Modest_Witness@Second_Millennium. FemaleMan_Meets_OncoMouse: Feminism and Technoscience*, New York: Routledge, 1997, 265.

13   《이제는 완전한 대리모 제도를》과 Adele Clark and Donna Har-

away의 《Making Kin Not Population》를 같이 다룬 글로는 다음을 보라. Jenny Turner, "Nothing Natural," The London Review of Books, 42(2), January 23, 2020, lrb.co.uk. 이 리뷰에서 터너는 2017년 해러웨이의 《Staying with the Trouble: Making Kin in the Chthulucene》 가운데 일부가 《사이보그 선언》을 배신하고 있다며 열변을 토한 나의 에세이를 다룬다. 다음을 보라. Sophie Lewis, "Cthulhu plays no role for me," Viewpoint, May 8, 2017. viewpointmag.com.

14 Barrett and McIntosh, 1991, 159.

15 McKenzie Wark, "Make Kith, Not Kin!" Public Seminar, June 24, 2016. publicseminar.org.

16 Patricia Hill Collins, "It's All In the Family: Intersections of Gender, Race and Nation," *Hypatia* 13(3): 62 – 82, 1998, 77.

17 Ellen Willis, "The Family: Love It or Leave It," The Village Voice, September 17, 1979, villagevoice.com/2019/03/08/ the-family-love-it-or-leave-it

18 Lou Cornum, "Desiring the Tribe," Pinko magazine, October 15, 2019, pinko.online.

19 Kathi Weeks, "Abolition of the Family: The Most Infamous Feminist Proposal," *Feminist Theory*, May 2021.

20 Lola Olufemi, *Experiments in Imagining Otherwise*, London: Hajar Press, 2021, 137.

21 Experiments in Imagining Otherwise, 138.